REGGAETÓN

Andrea Yepes Cuartas

REGGAETÓN

Lo que siempre quisiste saber:
perreo, dembow, Bad Bunny y más

Penguin
Random House
Grupo Editorial

Título original: *Reggaetón*
Primera edición: septiembre de 2025

© 2025, Andrea Yepes Cuartas, por los textos
© 2025, Penguin Random House Grupo Editorial, S. A. S.
Carrera 7.ª n.º 75-51, Piso 7, Bogotá, D. C., Colombia
PBX: (57-601) 743-0700

Diseño de cubierta y de páginas interiores:
Penguin Random House Grupo Editorial / Lorena Calderón Suárez

Vectores y efectos de tipografías: © Freepik

Penguin Random House Grupo Editorial apoya la protección de la propiedad intelectual y el derecho de autor. El derecho de autor estimula la creatividad, defiende la diversidad en el ámbito de las ideas y el conocimiento, promueve la libre expresión y favorece una cultura viva. Gracias por comprar una edición autorizada de este libro y por respetar las leyes del derecho de autor al no reproducir, escanear ni distribuir ninguna parte de esta obra por ningún medio sin permiso previo y expreso. Al hacerlo está respaldando a los autores y permitiendo que PRHGE continúe publicando libros para todos los lectores. Por favor, tenga en cuenta que ninguna parte de este libro puede usarse ni reproducirse, de ninguna manera, con el propósito de entrenar tecnologías o sistemas de inteligencia artificial ni de minería de datos.

Impreso en Colombia-*Printed in Colombia*

ISBN: 978-628-7634-86-2

Compuesto en caracteres Mesclo, Big Tiki y Zilla

Impreso por Editorial Nomos, S.A.

para a. c.
latinos por suerte

para nea papel
x 100pre

Más que transformar la música en una chatura universal estilo Benetton, un subproducto curioso del alcance global de la web es permitir que sonidos increíblemente regionales y pensados para la idiosincrasia específica de sus comunidades de origen encuentren audiencia en los rincones más lejanos del planeta.
Kit Mackintosh

Nadie vive en todas partes, todo el mundo vive en algún lugar. Nada está conectado a todo, todo está conectado a algo.
Donna Haraway

Esta no quiere ni puede ser una historia de vocación totalizadora, minuciosa en su inspección de cada subcampo y microescena, sino la escritura de unos momentos y discontinuidades. Buscando una imagen que me ayuda a explicarlo, pienso en una carta de navegación. Una cartografía viva y parcial, con los espacios inexplorados por incapacidad, temor o pereza, compartiendo la relevancia de los descubrimiento, vaivenes, extravíos y caprichos.
Javier A. Rodríguez-Camacho

Contenido

¿Cómo Bad Bunny va a ser rey del pop con reggaetón y dembow? _____ p. 16
    Bad Bunny _____ p. 22

¿Qué es el reggaetón? _____ p. 39
    ¿De dónde viene la palabra? _____ p. 41

Un género de ninguna y muchas partes _____ p. 43

Una semilla en Panamá _____ p. 44

    Discos de vinilo _____ p. 45
    Dembow _____ p. 49

    El General canta en español _____ p. 51
    Nueva York es un puente _____ p. 53

    Nuyorican _____ p. 55

En Puerto Rico ya sonaba rap _____ p. 56

    Vico C _____ p. 56
    Casetes _____ p. 57

    DJ Negro y The Noise _____ p. 59

    DJ Eric _____ p. 60
    El Chombo _____ p. 62

    Underground _____ p. 62

The Original Rude Girl: Ivy Queen _____ **P. 66**
    Eddie Dee _____ p. 66

Los tiempos de Playero _____ **P. 67**
    DJ Nelson _____ **P. 68**
    CD _____ p. 68

King Daddy _____ **P. 69**
    MP3 _____ p. 70
    Glory _____ p. 70

Punto y aparte: Tego Calderón _____ **P. 73**
    Reggaetón Summer Fest _____ p. 75

King of kings _____ **P. 77**
    Religión cristiana _____ p. 77
    Tempo _____ p. 78
    Chosen Few _____ p. 80

Be-ele-a-ese-ese dice Blass _____ **P. 81**
    Fruity Loops _____ p. 81

Baby Rasta & Gringo _____ **P. 83**	**Jowell & Randy** _____ **P. 91**
Maicol & Manuel _____ **P. 84**	**Zion & Lennox** _____ **P. 92**
Las Guanábanas (Georgie y Joelito) _____ **P. 85**	**Ángel & Khriz** _____ **P. 93**
	Nova & Jory _____ **P. 94**
Héctor & Tito _____ **P. 86**	**Alexis & Fido** _____ **P. 95**
Wisin & Yandel _____ **P. 87**	**R.K.M & Ken-Y** _____ **P. 96**
Magnate & Valentino _____ **P. 88**	**Yaga & Mackie** _____ **P. 97**
Lito & Polaco _____ **P. 89**	**Ñejo & Dálmata** _____ **P. 98**
Plan B (Chencho & Maldy) _____ **P. 90**	**Arcángel & De La Ghetto** _____ **P. 99**

Con los Luny Luny Tune Tunes _____ **p. 101**

    Noriega _____ **p. 102**

Ella no es un ritmo de Tainy,
        por eso yo le meto a capela _____ **p. 109**

    Nely el Arma Secreta _____ **p. 109**

    Naldo _____ **p. 111**

    Nesty, La Mente Maestra _____ **p. 111**

    DATA _____ **p. 113**

    Stillz _____ p. 114

Sky, ponla lenta _____ **p. 118**

    Yandar & Yostin _____ p. 119

    Reykon _____ **p. 120**

    DJ Pope _____ **p. 120**

J Balvin, man _____ **p. 123**

    Golpe a Golpe _____ **p. 123**

    Sech _____ p. 126

    Mode up _____ p. 127

Nicky Nicky Nicky Jam _____ **p. 128**

Pretty Boy, Dirty Boy _____ **p. 129**

    The Rudeboyz _____ **p. 130**

    Guaracha _____ p. 130

    Wolfine _____ **p. 131**

    Blessd, El Bendito _____ **p. 132**

Ella quiere trap de Bryant Myers ——— P. 132

Anonimus ——— P. 134	Cosculluela ——— P. 138
Bryant Myers ——— P. 134	Darell ——— P. 139
Almighty ——— P. 135	Ñengo Flow ——— P. 139
Ozuna ——— P. 135	Luigi 21 Plus ——— P. 140
Anuel AA ——— P. 136	Brray ——— P. 140
Farruko ——— P. 136	Jhayco ——— P. 141
Myke Towers ——— P. 137	Mora ——— P. 141
Eladio Carrión ——— P. 137	RaiNao ——— P. 142
Brytiago ——— P. 138	Villano Antillano ——— P. 142

Bizarrap ——— p. 142

Joyce Santana ——— P. 143

Lv Ciudvd ——— p. 143

Omar Courtz ——— P. 143	Duki ——— P. 146
YOVNGCHIMI ——— P. 144	Pablo Chill-E ——— P. 146
Dei V ——— P. 144	Cazzu ——— P. 147
De La Rose ——— P. 145	Young Miko ——— P. 147
Quevedo ——— P. 145	Nicki Nicole ——— P. 148
	Cris MJ ——— P. 148

La G está rompiendo en lo que se espera ✧ ——— P. 149

Ovy On The Drums ——— P. 149

Bichota ——— p. 151

Feid, así como suena _____ p. 152

    Álvaro Díaz _____ p. 155

    Choliseo _____ p. 156

AWOO _____ p. 157

    FARIANA _____ p. 158

    W Sound _____ p. 159

Me tienes hablando portugués, pensando *em me mudar com você* _____ p. 160

Y yo me pongo loco con dembow y reggaetón _____ p. 162

    Bachata _____ p. 162

    Reggaetón cubano _____ p. 165

    Reggaetón mexa _____ p. 166

Porque esto es neoperreo, bailoteo _____ p. 167

A de alfa, altura, alien _____ p. 169

    Rauw Alejandro _____ p. 172

A de Arca _____ p. 173

    Referencias _____ p. 181

regueton

reguetón

reggaeton

reggaetón

¿Cómo Bad Bunny va a ser rey del pop con reggaetón y dembow?

El 5 de enero de 2025, Bad Bunny lanzó su sexto álbum de estudio DeBÍ TiRAR MáS FOToS. La portada es una foto de Eric Rojas que muestra dos sillas monobloque bajo una platanera. Estas sillas, diseñadas por el francés Henry Massonnet en 1972, son un objeto simple y común para todo el mundo. Se dice que tardan menos de un minuto en fabricarse, que hay más de mil millones repartidas en cada uno de los países que conforman la tierra y se refieren a ellas como un símbolo de la globalización. Esta fue la imagen que escogió el artista para hacerle un homenaje a su país, Puerto Rico, y a quienes se consideran de allá. Las estampas que creemos locales también pueden ser globales. Como el reggaetón.

La bomba
Empezó a escucharse en el siglo XVI y era interpretada por afrodescendientes esclavizados con instrumentos de percusión como el barril. Se considera el sonido más antiguo de Puerto Rico.

La plena
Según la antropóloga panameña Guillermina Itzel De Gracia, los intérpretes, DJ y productores de su país usaron la palabra *plena* como sinónimo de reggae producido en Panamá. Sin embargo, no debe confundirse con la plena de Puerto Rico, un género popular que utiliza guitarra, acordeón y pandero.

Este género musical, que emergió en el tránsito entre Panamá, Nueva York y Puerto Rico, que se hace en el español que se habla en calles, fiestas, caseríos, comunas y jolgorios, tiene un tinte local, pero ahora se escucha en el mundo entero.

Y se escucha, sobre todo, Bad Bunny. Este artista empezó su carrera haciendo trap latino y ha experimentado con géneros diversos como el soul, el house, el synth pop, el rock, los corridos, el merengue y el dancehall. Sin embargo, cuando decidió hacer un álbum que hablara de él, de la isla donde creció, y de lo que suena allí, escogió los ritmos que trazan la historia musical de ese lugar: la salsa, la bomba, la plena y el reggaetón. Llevando así el perreo (y a Puerto Rico), una vez más, como lo hicieron tantos antes que él, al escenario comercial del pop.

> Ya no estamo' pa' la movie' y las cadena'
> 'Tamos pa' las cosa' que valgan la pena
> Ey, pa'l perreo, la salsa, la bomba y la plena
> DtMF

Días antes del lanzamiento de DeBÍ TiRAR MáS FOToS, Bad Bunny publicó un cortometraje protagonizado por el cineasta Jacobo Morales en el que este dice: "Debí tirar más fotos, haber vivido más". Las fotos son historias y las canciones de este álbum son también panorámicas de Puerto Rico:

* Tiene *featurings* con los artistas boricuas que Bad Bunny escucha cuando está lejos y quiere sentirse en casa, como Chuwi, Dei V, Omar Courtz, Pleneros de la Cresta y RaiNao.
* Los músicos que acompañan los sonidos electrónicos con instrumentos análogos son de la Escuela Libre de Música Ernesto Ramos Antonini.

El productor es el ⟶ arquitecto del sonido.

* Los productores que predominan (Tainy, La Paciencia, MAG) entienden los sonidos locales.
* Los *visualizer* de los videos están llenos de anécdotas que hicieron Bad Bunny y el profesor de Historia Latinoamericana y del Caribe Jorell A. Meléndez Badillo, en las que revisan la historia de Puerto Rico bajo la colonia y hablan de migración, desplazamiento forzado y gentrificación.

> Quieren quitarme el río y también la playa
> Quieren el barrio mío y que abuelita se vaya
> No, no suelte' la bandera ni olvide' el lelolai
> Que no quiero que hagan contigo lo que le pasó a Hawái

LO QUE LE PASÓ A HAWAii

✶ Programó una residencia en El Choli, legendario coliseo en San Juan, con 30 presentaciones, 9 solo para residentes de Puerto Rico. La residencia se llamó "No me quiero ir de aquí". En un momento en el que hay más boricuas viviendo en Estados Unidos (6 millones, aproximadamente) que en la isla (3 millones, aproximadamente), quedarse y decir "vengan a mí" es un acto simbólico y potente.

Con gestos como estos es que hace el homenaje a sus orígenes, pero a través del sonido y barras como "Esto es PR, mami. Aquí nací yo y el reggaetón, pa' que sepa'" también reclama pertenencia de un género que no sería posible sin su paso por esta isla y cuya naturaleza amplia y diseminada puede verse claramente en un artista como él.

Pero ¿quién es Bad Bunny y qué dice su proyecto artístico del reggaetón?

BAD BUNNY

Benito Antonio Martínez Ocasio

Fecha de nacimiento
10 de marzo de 1994

Lugar de nacimiento
Puerto Rico

Oficios actuales
cantante, productor, compositor.

Oficios anteriores
empacador de supermercado, tomó clases de Comunicación Audiovisual en la Universidad de Puerto Rico en Arecibo.

Padres
Benito Martínez (conductor de camiones) y Lysaurie Ocasio (maestra de inglés).

Hermanos
Bernie y Bysael.

Instrumentos
ninguno más que su voz.

Fotografía: © Shareif Ziyadat / Getty Images.

Cuando Bad Bunny tenía cinco años, de Navidad pidió un CD del artista puertorriqueño Vico C. Era el álbum Aquel Que Había Muerto (1998). En ese momento Vico C se había atrevido a hacer rap en español, pero no tardaría mucho en convertirse en uno de los primeros artistas en hacer canciones de reggaetón. A Benito también le gustaba Tego Calderón. Fue esa música con la que creció, además de la salsa, el merengue, la balada y el pop que solían escuchar sus papás. Sin embargo, cuando empezó a hacer sus primeros temas para publicar, no fueron salsa ni reggaetón los géneros que escogió: hizo trap.

Benito cantó primero en el coro de la Iglesia católica y en *shows* escolares y solía decir que era salsero, pero quería más. En la adolescencia empezó a publicar algunas canciones en SoundCloud hasta que, en enero de 2016, cuando tenía veintiún años, hizo una publicación con el siguiente mensaje: "AQUÍ LES DEJO MI MAS RECIENTE TEMA. 'DILES' LA PISTA HECHA POR BAD BUNNY, Y EN LA MEZCLA LA PACIENCIA! GRACIAS TODOS LOS QUE APOYAN! ESPERO QUE LES GUSTE!". Y gustó.

Diles fue escuchada por los productores DJ Luian y Mambo Kingz, del sello Hear This Music, quienes decidieron promover a Bad Bunny y en agosto del mismo año lanzar una versión con Arcángel, Farruko, Ñengo Flow y Ozuna. Este último accedió a hacer el coro de la canción, en parte, porque ya la conocía: alguno de sus hermanos la cantaba antes de que se hiciera el remix.

Al finalizar ese año, Bad Bunny publicó el trap *Soy peor*, y, a los meses, *Ahora me llama*, con Karol G. En 2017, tan solo un año después de empezar su carrera comercial, tuvo 15 canciones en el listado Billboard Hot Latin Songs. "Yo la saqué del parque en el primer intento", dice en *NADIE SABE*. A partir de ahí, su carrera se expandió a punta de *singles* y colaboraciones con artistas latinos como J Balvin, Bryant Myers y Farruko, y del norte del continente como Drake y Cardi B. Pero no fue sino hasta finales de 2018 que lanzó su primer disco, el formato en el que ha demostrado ser más potente.

"Siento que estos dos últimos años he hecho todo lo que he podido de acuerdo con lo que requería el negocio. Tengo otros objetivos, otra visión. Tengo el espacio y la libertad para crear", dijo en una entrevista que le hizo la periodista Leila Cobo. Esto fue luego de lanzar X 100pre, en Navidad, con Rimas, el sello discográfico independiente al que pertenece. Uno de los sueños que tenía Benito como artista era trabajar con Tainy y en X 100pre se hizo realidad. Solo 3 canciones de las 15 no tuvieron la intervención del legendario productor y, a partir de ahí, todos los álbumes los han trabajado, en mayor o menor medida, juntos.

X 100pre*

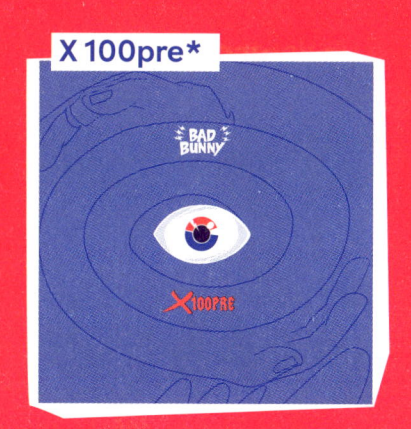

Año
2018

Sonidos
trap, reggaetón, pop, rap, bachata, dembow dominicano, rock, R&B, reggae, synth pop.

Featurings
Diplo, El Alfa, Drake.

Sello
Rimas Entertainment.

YHLQMDLG

Año
2020

Sonidos
trap, reggaetón, R&B, reggae, balada, rock, pop.

Featurings
Daddy Yankee, Yaviah, Ñengo Flow, Sech, Mora, Jowell & Randy, Anuel AA, Myke Towers, Kendo Kaponi, Arcángel, Duki, Pablo Chill-E.

Sello
Rimas Entertainment.

* Datos de Spotify y Genius.
Ilustraciones propias inspiradas en las carátulas originales

El Último Tour del Mundo

Año
2020

Sonidos
trap, reggaetón, pop, rock, punk, synth pop, merengue, salsa, balada, R&B.

Featurings
Rosalía, Abra, Jhayco, Trío Vegabajeño.

Sello
Rimas Entertainment.

Un Verano Sin Ti

Año
2022

Sonidos
trap, reggaetón, merengue, cumbia, rock, R&B, mambo, bomba, bachata, balada, synth pop, techno.

Featurings
Chencho Corleone, Jhayco, Tony Dize, Rauw Alejandro, Bomba Estéreo, The Marías, Buscabulla, Tainy.

Sello
Rimas Entertainment.

Nadie Sabe Lo Que Va a Pasar Mañana

Año
2023

Sonidos
trap, reggaetón, drill, house.

Featurings
Arcángel, Bryant Myers, De La Ghetto, Eladio Carrión, Feid, Luar la L, Mora, Ñengo Flow, Young Miko, Feid, YOVNGCHIMI.

Sello
Rimas Entertainment.

DeBÍ TiRAR MáS FOToS

Año
2025

Sonidos
reggaetón, bomba, salsa, plena, música jíbara, bolero, pop, R&B.

Featurings
Chuwi, Dei V, Pleneros de la Cresta, Omar Courtz y RaiNao.

Sello
Rimas Entertainment.

Año
_____

Sonidos
_____
_____

Featurings
_____
_____

Sello
_____

Año
_____

Sonidos
_____
_____

Featurings
_____
_____

Sello
_____

Bad Bunny tiene dos álbumes adicionales, uno en colaboración con J Balvin, Oasis, y otro recopilatorio llamado Las Que No Iban a Salir. Esos, sin embargo, Benito no los considera dentro de sus álbumes de artista, pues no cuentan con la misma planeación técnica y conceptual que suele dedicarles.

"Y e' verdad, no soy trapero ni reguetonero. Yo soy la estrella ma' grande en el mundo entero", canta Bad Bunny de nuevo en *NADIE SABE*. No miente. Este álbum hizo que fuera, sin tener que ponerle apellidos, el número 1. Días después de su lanzamiento, Benito fue el artista principal de la semana en toda la tierra según Spotify, así como su álbum. *NUEVAYoL* empezó siendo la canción con más reproducciones en la plataforma, pero cambió a *DtMF* a los pocos días. Así, por primera vez en la historia, una plena fue el sonido más escuchado del mundo.

¿Qué pasó?, ¿por qué un álbum de salsa, plena y reggaetón se atomizó de esa manera?

En una entrevista con Chente Ydrach, Bad Bunny dijo que su visión con el álbum era también generar conexiones:

> **"**
> Que cuando se terminara de escuchar ese disco, vinieran los mayores a enseñarles, a decirles: 'déjame ponerte esto... de aquí es que él sacó esto, de aquí es que se inspiró para esto'. Y crear esa conexión. Por ejemplo, en el tema de LA MuDANZA, que yo empiezo contando cómo fue que se conocieron mis padres, de momento decir: '¿y cómo se conocieron mis padres?' E ir a preguntarles, crear esa dinámica, esa conversación. (...) Yo quiero que las personas que me escuchan también tengan ese deseo de conocerse más, de conocer de ellos mismos y de su familia y de su cultura y de su país".

Esta conexión se extiende del sonido a la letra. Bad Bunny, además de cantar de amor, sexo, malianteo y junte, tiene otros temas que atraviesan su obra artística y que pueden resultar comunes para la mayoría, sobre todo la mayoría latinoamericana: la nostalgia, la ternura, la justicia social y tener un lugar en el mundo —que, para él, es Puerto Rico—.

Fuente fotograma página derecha: BAD BUNNY - LA ZONA | YHLQMDLG [Visualizer] https://youtu.be/hhFbO5JhaJE?si= 8ZkigKZskpnDzfAd

nostalgia

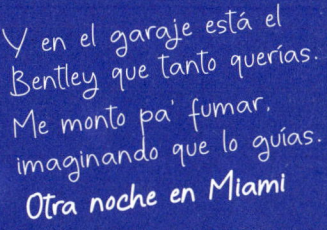

Y tengo tu
foto guardada.
Tú y yo bailando cuando
éramos menores de edad.
Te digo la verdad.
Si estuviésemos juntos

Y en el garaje está el
Bentley que tanto querías.
Me monto pa' fumar,
imaginando que lo guías.
Otra noche en Miami

Yo ni te extrañaba ni te quería ver.
Pero pusieron la canción que te gustaba poner.
Y me acordé de ti.
Cuando me hiciste feliz.
La canción

Aunque sé que
no debo pensar en ti, bebé.
Pero cuando bebo me viene tu
nombre, tu cara, tu risa y tu pelo.
Yonaguni

Si me ven solo y triste,
no me hablen.
Si me ven solo y triste,
soy culpable.
La vida es una, esta que
un día termina,
y fuiste tú mi baile
inolvidable
BAILE INOLVIDABLE

Fotografía: © Robert Kamau / Getty Images.

Dicen que no soy calle, que no salgo del portón.
Pero esto es PR, aquí cualquiera da el vueltón.
Welcome to the calentón.
25/8

Que dios proteja a los niño' y a lo' mayore'.
A la' enfermera' y los doctore'.
A Puerto Rico de huracane' y temblore'.
Yo tengo fe de que vendrán días mejore'.
Bendiciones

Puerto Rico

Soy la estrella de mi isla, por eso e' que brillo.
A mí no me hable' con voto, PR es mi corillo.
ACHO PR

De Borinquen, PR,
archipiélago perfecto.
En el mundo entero ya
conocen mi dialecto, mi jerga.
A mí me importa un bicho lo
que a ti te vale verga.
LA MUDANZA

Puedo ver el paraíso
llegando a Isabela.
Un mango de Mayagüe',
despué' pa La Palguera
Puerto Rico se ve lindo
hasta en Google Maps.
Me fui de vacaciones

Llené el álbum de estampitas.
Te escribí una cartita.
Como antes

Enamora'o por aquí, enamora'o por allá. Cupido, basta ya.
Yo no soy celoso

Ahora la cama se me hace gigante.
Nadie me da besitos pa' que me levante.
Ignorantes ft. Sech

ternura

Sin mucha labia, sin mucha cotorra.
Cuando toy contigo dejo que la vibra corra.
Y que la luna nos supervise.
Con esa boquita suena rico to' lo que tú me dice'.
La noche de anoche ft. Rosalía

Quiero dibujar corazoncitos en la orilla.
Tranquila, mami, yo te cargo la silla.
Eso' ojitos lindo', me encanta como brillan.
WELTiTA

Fotografía: © Gerardo Mora / Getty Images.

Chorro', hijo'e puta, resuelvan sus asuntos.
Se cierran escuelas mientras se abren puntos.
Ser bichote

Esto es pa' toda mi raza.
América es nuestra casa.
Aunque pongan más alto el muro.
Como quiera se traspasa.
Soy el diablo (Remix) ft. Natanael Cano

Fotografía: © Joe Raedle / Getty Images.

just a social

Quiere quedarse en PR, no irse pa' ningún estado.
Pero todo se ha complicado.
Como si ser mujer fuera un pecado.
Andrea ft. Buscabulla

Fueron cinco mil que dejaron morir.
Y eso nunca se nos va a olvidar.
La palma en la que quieren ahorcar el país.
Un día de esto' la vamo' a tumbar.
Una velita

Se oye al jíbaro llorando, otro má' que se marchó.
No quería irse pa' Orlando, pero el corrupto lo echó.
LO QUE LE PASÓ A HAWAii

UNA HISTORIA

DEL REGGAETÓN

¿Qué es el reggaetón?

Un género musical derivado e influenciado por sonidos de la diáspora africana:

* El reggae y el dancehall de Jamaica.
* El rap de Estados Unidos (sobre todo de la costa este).

Adaptado a contextos locales y al español primero en Panamá y luego en Puerto Rico.

Reggae en español   Rap en español

El ritmo que lo caracteriza es el llamado dembow.

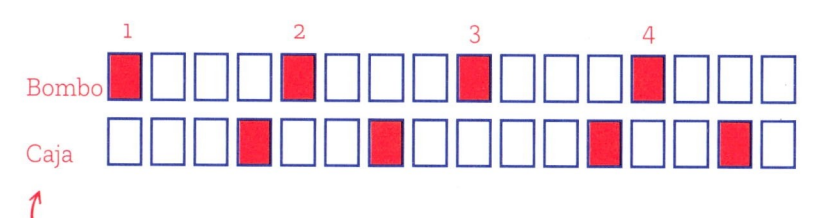

	1				2				3				4			
Bombo	■	□	□	□	■	□	□	□	■	□	□	□	■	□	□	□
Caja	□	□	□	■	□	■	□	□	□	□	□	□	■	□	■	□

* Un esbozo del boom-ch-boom-chick del reggaetón tomado del ensayo "From Música Negra to Reggaeton Latino: The Cultural Politics of Nation, Migration, and Commercialization" de Wayne Marshall.

Como todas las palabras, *reggaetón* está viva. Hay quienes la usan para referirse a canciones de otros géneros como trap latino, dembow dominicano, neoperreo, EDM, R&B, y otros, que están vinculados al mismo entorno musical del reggaetón y a las formas de comercialización del pop latino.

Las canciones relacionadas con este género suelen hablar de:

Sexo
→ bellaqueo, sobeteo

Fiesta
→ sandungueo

Amor
→ romantiqueo

Quizás (Remix), Tony Dize ft. Ken-Y, 2006

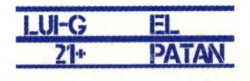

Daga Adicta, Luigi 21 Plus, 2012

Una noche en Medellín (Remix), Karol G, Cris Mj, Ryan Castro, 2023

Traficando a mi manera, Arcángel y De La Ghetto, 2007

Royal rumble, Daddy Yankee, Wise Da' Gangsta, Don Omar, Héctor El Father, Yomo, Wisin, Franco El Gorila, Alexis, Zion, Arcángel, 2006

Movimiento de caderas, Rayo & Toby, 2011

Drogas
→ fumeteo

Baile
→ perreo, guayeteo

Violencia
→ malianteo

PERREO

Yo perreo.
Tú perreas.
Él perrea.
<u>Nosotros perreamos.</u>
Vosotros perreáis.
Ellos perrean.

Es el nombre que se le da al baile del reggaetón. Aunque ha variado a través del tiempo y puede ser distinto en cada país, suele estar centrado en las caderas; si está bailando una pareja heterosexual, el hombre acostumbra ubicarse detrás de la mujer, quien le está dando la espalda. En una Antología de Reggaetón del Club Perro Negro, la investigadora Luisa Fernanda Espinal, conocida como Doctora Perreo, intenta encontrar una génesis de este baile y cuenta que "Los bailes latinoamericanos de pareja en los que hay contacto físico surgieron solo a finales del siglo XIX gracias al sincretismo de bailes africanos y europeos (...)", justo el baile mapouka, tradicional de Costa de Marfil, parece ser de donde viene la "soltura en las caderas" presentes en el perreo, dice Luisa. Ver a las mujeres mapouka interpretar este baile es similar a ver *twerking*, un movimiento también asociado al bounce de Nueva Orleans que fue popular hacia 1990 y que puede verse en el reggaetón.

¿De dónde viene la palabra?

Cuando el género empezó a tomar forma y ya sonaba algo que no era reggae en español ni rap en español, sino todo eso, algunos DJ acostumbraban a hacer mezclas larguísimas, sin muchas pausas. En Playero 37, por ejemplo, considerado por muchos uno de los álbumes fundacionales del género, lanzado en 1993, la pista original hecha por DJ Playero dura 90 minutos y sobre ella rapean sin aparente interrupción los artistas invitados. Se llama reggaetón, entonces, porque tomaba la base de reggae y con ella hacían pistas tan largas como una maratón.

REGGAE + MARATÓN

DJ Nelson, productor musical puertorriqueño y precursor del género, contó a la revista *The Fader*, en 2006: "En 1995 puse el nombre 'Reggaeton' en uno de mis discos (…) Empecé a pensar, déjame ponerle algo así como 'Reggae Maratón' o 'Maratón Reggae'. Y a partir de ahí empecé a simplificar las palabras y se me ocurrió 'Reggaetón'", atribuyéndose así este bautizo.

En Playero 36, *mixtape* lanzado en 1992, Daddy Yankee enunció la palabra, algunos dicen que por primera vez:

Y dice quiero que sigas brincando
Y quiero que brinques otra vez
Porque es el hombre fenomenal
Porque te canta el **reggaetón**

Un género de ninguna y muchas partes

No me preguntes de dónde soy, pregúntame dónde soy local.
Taiye Selasi

La décima es una estrofa de diez versos en la que cada uno tiene ocho sílabas y solo existe en español. Su origen se le atribuye a Vicente Espinel, en 1591. En España este género se extinguió, como cuenta Jorge Drexler en la conferencia "Poesía, música e identidad"; sin embargo, sobrevive en Latinoamérica. Desde el norte mexicano hasta el sur argentino se reclama como propia, cada territorio nombrándola distinto: son jarocho, canto de mejorana, galerón, payada, repentismo, décima peruana. ¿De dónde es, entonces, la décima?

La complejidad migratoria que impide ser categóricos a la hora de decir "esto es de aquí" es propia de la música. ¿Es la electrónica de Detroit o de Alemania?, ¿la salsa debe atribuírsele a Cuba o a Nueva York? Lo mismo sucede con el reggaetón.

Como suele ser pensado como el resultado de la mezcla entre el rap en español y el reggae en español, los lugares donde se escucharon por primera vez estos sonidos son los que reclaman la raíz del género. Panamá y Puerto Rico están entre los más citados, aunque hay quienes nombran también a Jamaica y a Nueva York, y más tarde a Colombia, como escenarios sin los que esta música no existiría.

La realidad es que el reggaetón es un ==género transnacional== que, entre diásporas, migraciones y difusión, pierde la referencia a un principio. Así lo cuenta Juan Flores, teórico de estudios latinoamericanos y pionero en el estudio de la cultura nuyorican:

> "El reggaetón puede pasar a la historia como la primera música transnacional, en el pleno sentido del término. No sólo se convierte en transnacional por su difusión masiva y lejana en el mundo, un proceso que se ha hecho más rápido e intenso con cada nueva generación de tecnología y contracción global. (...) La polémica sobre si es panameño, jamaiquino, puertorriqueño o nuyorican probablemente continuará, ya que parece ser un estilo elaborado en un caldero multilocal y transnacional desde el principio".

El reggaetón no viene de un solo lugar: emerge y se sostiene en los tránsitos del sonido y la cultura latina. Una de sus raíces, sin embargo, está anclada en Panamá.

Una semilla en Panamá

A Panamá y a Jamaica los separan 1.124 kilómetros de océano. Este tramo, en el que no se interpone ningún otro país, ha propiciado un intercambio y una migración constantes. La primera oleada migratoria registrada fue de jamaiquinos que llegaron entre 1850 y 1855 a Panamá para trabajar en la construcción del ferrocarril; luego hubo otras olas, como las de 1881 y 1889 para construir el canal de Panamá, y otra más tarde, hacia 1970. Los jamaiquinos llegaban, claro, con sus sabores, sus gestos y, por supuesto, sus sonidos; que durante y posterior a esta última ola eran los del dancehall y el reggae, y el ritmo del luego llamado dembow.

A finales de los años 70, en el barrio Río Abajo, Panamá, que reunía locales con migrantes de Jamaica, Trinidad y Barbados, se escuchaba reggae. El profesor Gerardo Maloney, sociólogo, documentalista y activista por los derechos de las poblaciones negras panameñas viajaba a Jamaica y volvía con

Disco de vinilo
Un disco analógico de 30,5 cm de diámetro hecho en vinilo que puede grabar de 20 a 25 minutos por cada lado. Columbia Records fue la primera empresa en lanzarlo en 1948 y fue ampliamente utilizado hasta finales de los ochenta cuando pasó a ser reemplazado por el casete. Desde 2016 volvió a tomar protagonismo.

Partois jamaiquino
Idioma hablado en la isla resultado de una mezcla entre inglés, español, francés y lenguas africanas.

discos de vinilo en la maleta. Edgardo Armando Franco, conocido como El General, iba a buscar esos discos con sus amigos, entre los que estaban los también artistas Renato y Reggae Sam. Los llevaban a una discoteca en las mañanas, cuando estaban limpiando el lugar, usaban los equipos para grabarlos y llevaban esas grabaciones a los buses, que para la época eran discotecas con ruedas y públicos fieles. "Había un lugar que se llamaba El Garbutt, y ahí esperaban el bus de un chofer que se llamaba Calixto porque a él le gustaba mucho el reggae. Así que todos esperaban ese autobús y bailaban allí", cuenta El General en una entrevista con el periodista Christoph Twickel.

Estas canciones, claro, estaban en inglés o en patois o criollo jamaiquino, también hablado en Panamá. Para que el reggae empezara a sonar en español fue necesario esperar hasta 1984-1985 a que Leonardo Renato Aulder, conocido como Renato, lanzara la canción *El Deni* (en referencia al Departamento Nacional de Investigaciones de las Fuerzas de Defensas). Renato mezclaba ritmos jamaiquinos, pero los usaba para cantar en su idioma. *El Deni* es la versión en español de *Babylon Boops* del artista jamaiquino Lovindeer, que era una canción protesta contra la policía; sin embargo, Renato cambió la referencia por la de esta institución del régimen del general Manuel Antonio Noriega, dictador de Panamá durante la época.

> *Teníamos la canción en casete y la distribuimos en los autobuses. Cobrábamos tres dólares por casete. A los conductores de autobús les gustaba esa canción más que ninguna otra, así que llegó un momento en que la canción era tan popular que un hombre llamado Héctor Tuñón cogió la canción y la puso en la radio, y la ponían una y otra vez, y era solicitada y estaba entre las diez primeras de la radio (...)"*, contó Renato en una entrevista con Ifeoma C. K. Nwankwo.

Para los artistas panameños no eran ajenas las canciones en inglés y en partois jamaiquino, porque en su mayoría tenían ascendencia o contextos que les permitían entender estos idiomas y hacer los tránsitos de las letras hacia el español.

Además de la música, algunos se adscribieron de forma integral al movimiento rastafari, que traía ideas afrocéntricas, anticolonialistas y pacifistas que venían acompañadas de manifestaciones estéticas como el mismo reggae, los colores amarillo, rojo, verde y negro, y los *dreadlocks*, que exacerbaban el racismo al que estaban expuestos en Panamá. Esto hizo, además, que muchas de las interpretaciones de los panameños tuvieran un carácter de protesta en contra del racismo y la vulneración a los derechos humanos por parte de organismos gubernamentales, como es el caso del Deni.

A *El Deni* le siguió *La chica de los ojos café*, que se convirtió en una de las primeras canciones de reggae en español en ser escuchada en otros países; primero Colombia y Venezuela y de ahí Perú, Argentina, Chile, Puerto Rico. Incluso se hicieron otras versiones, como una que lanzó en 1988 Wilfrido Vargas a la que le agregó sonidos de merengue y otra de 1990 que Los Fabulosos Cadillacs hicieron con ritmo de ska.

> Es la chica de los ojos café
> Y es mi chica de los ojos café.
> Es la chica de los ojos café
> Y es mi chica de los ojos café.
>
> Y seremos todos para uno y uno para todos
> Porque el sol algún día sale para todos
> Mami, juro que nuestro destino
> será construir un **mundo latino.**

Era reggae, era en español, y, aunque muchos la tachaban despectivamente de "música de negros", estaba pegada. Sobre todo en Ciudad de Panamá y Colón, donde empezaron a emerger otros artistas como Fernando Brown, conocido como Nando Boom, y Jeffeth Donaldson, conocido como Chicho Man, que con El General y Renato eran llamados Renato y las 4 Estrellas. Además, otros que migraron como Michael Ellis, reconocido como el productor pionero del reggae en español, y Gringo el Original, que se estableció en la escena en 1991 cuando hizo una adaptación de la canción *Trailer Load a Girls* del cantante jamaiquino Shabba Ranks y creó *Trailer lleno de guiales*, cuya pista aún se usa en algunas canciones de reggaetón. Todos ellos contribuyeron a que el reggae en español saliera de Panamá y llegara a otros países a escucharse y también a usarse como base para nuevos sonidos.

El sonido, claro, también se quedó evolucionando en Panamá. Para los primeros años de los 90, solistas y grupos usaron ritmos de reggae combinados con otros géneros y crearon algunas pistas de reggaetón que pegaron allí y en otros países latinoamericanos.

DJ Pablito, o Dee-Novo, locutor y productor panameño, empezó haciendo canciones para estaciones de radio de su país que tenían competencia entre ellas, cuenta en una entrevista publicada en una Antología de Reggaetón del Club Perro Negro. En 1995 hizo dos álbumes, uno de ellos fue Reggae Overload Vol. 1, donde salieron *Ella se arrebata* del grupo Latin Fresh y dos canciones de El Roockie. Años más tarde, creó el grupo La Factoría, con quienes mezclaba sonidos del reggae con el pop. Por ejemplo, *Todavía*, la canción más escuchada del grupo, samplea *The Bottom of my Broken Heart* de Britney Spears.

Playlist
DJ Pablito

1. *Ella se arrebata* por Latin Fresh. Reggae Overload Vol. 1, 1995.
2. *Más violencia no* por El Roockie. Revelation Lyrics, 1999.
3. *Todavía* por *La Factoría* (Joycee). DJ Pablito Presenta La Factoría. 2001.
4. *Ritmo de la noche* por La Factoría (Goodfella). DJ Pablito Presenta La Factoría. 2001.
5. *Asesina* por Aldo Ranks. Diferente. 2003.
6. *El baile del pescado* por Aldo Ranks. Diferente. 2003.

Dembow

En 1990 el artista jamaiquino Shabba Ranks lanzó *Dem Bow*, una canción con un patrón estándar del dancehall producida por Bobby Digital y Steely & Clevie, que pretendía ser un himno en contra del imperio, el racismo y la homosexualidad. La expresión *dem bow* viene de *they bow* y se refiere a quienes se inclinan o hacen una reverencia, que en el contexto de la canción puede ser una reverencia ante el poder o ante alguien que busca dar o recibir placer, llegando al punto de decir que quienes *bow*, son opresores.

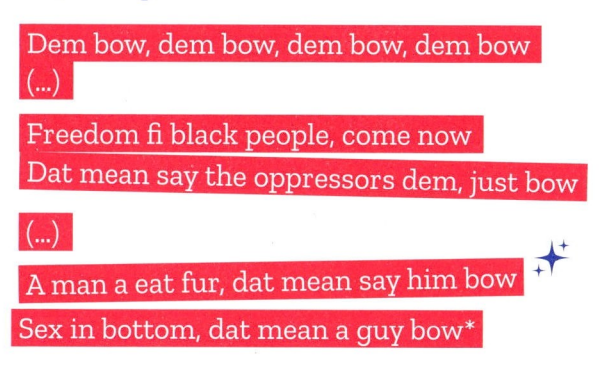

> Dem bow, dem bow, dem bow, dem bow
> (...)
> Freedom fi black people, come now
> Dat mean say the oppressors dem, just bow
> (...)
> A man a eat fur, dat mean say him bow
> Sex in bottom, dat mean a guy bow*

La canción de Shabba Ranks fue traducida al español e interpretada por Nando Boom el mismo año en *Ellos benia*, producida en Nueva York. La letra se mantiene homofóbica, convirtiendo el *bow* en un adjetivo.

✱ Esta es la transcripción en inglés jamaiquino. Una posible traducción al español es:
Se inclinan, se inclinan, se inclinan, se inclinan
(...)
Libertad para los negros, viene ahora
Eso significa que los opresores, ellos solo se inclinan
(...)
Un hombre que come piel, eso significa que se inclina
Sexo en el trasero, eso significa que un hombre se inclina

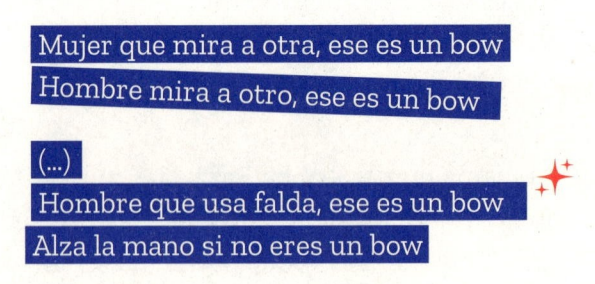

> Mujer que mira a otra, ese es un bow
> Hombre mira a otro, ese es un bow
>
> (...)
> Hombre que usa falda, ese es un bow
> Alza la mano si no eres un bow

Estas canciones dan origen al nombre del ritmo que hoy conocemos como dembow y es la base para gran parte de lo que luego conoceremos como reggaetón, pero el sonido del dembow viene realmente de otro disco: el instrumental Dub mix II que es el lado B de *Pounder* de Bobo General y Smiley Wonder remixeado por los productores Dennis The Menace y Pucho Bustamante para Boom, incluyendo otros sonidos panameños.

Este sonido se consolidaría en Puerto Rico al aparecer como dembow en recopilaciones como Pistas De Reggaeton Famosas 3 de Flow Music publicado en 2005.

El mismo año de *Ellos benia*, El General sacó *Son bow*. Según Wayne Marshall, etnomusicólogo estadounidense que ha estudiado ampliamente el reggaetón, parece que tuvo menos influencia musical que *Ellos benia*, pero tiene "una mezcla más explícita de dancehall, reggae y hip hop", más propia del reggaetón, y, además, nombra los lugares en los que luego estos ritmos tomarían otro vuelo: Puerto Rico, Colombia y Estados Unidos.

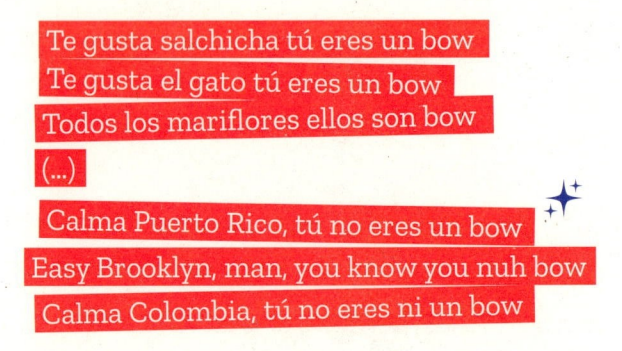

> Te gusta salchicha tú eres un bow
> Te gusta el gato tú eres un bow
> Todos los mariflores ellos son bow
> (...)
> Calma Puerto Rico, tú no eres un bow
> Easy Brooklyn, man, you know you nuh bow
> Calma Colombia, tú no eres ni un bow

El General canta en español

Había que saber improvisar. El General, quien es reconocido como pionero del reggae en español y portador de una semilla sin la que el reggaetón no hubiese sido posible, recibió este nombre sin rango porque podía subirse al escenario, empezar a improvisar y robarse el público: "A mí me gustaba tanto improvisar que me pusieron El General (...) pues la máxima autoridad aquí en Panamá era un general". Edgardo Armando Franco está hablando del general Omar Efraín Torrijos Herrera, que tras el golpe de Estado de 1968 se quedó con el poder de este territorio hasta 1981. Para ese momento, casi una década antes de sacar las canciones que lo harían famoso, El General se consideraba a sí mismo parte del rastafarismo; por eso tenía tanto sentido que fuera reggae y no otra música sobre la que improvisaba, misma que luego distribuyó, tradujo, creó y cambió para siempre.

Sin embargo, esto último tendría que esperar. Luego de participar de la escena musical panameña, en 1985 El General se fue a Nueva York para estar con su mamá, quien había migrado. Allí terminó estudios en Administración y durante algunos años la música ocupó un plano secundario, donde apenas hacía algunas fiestas con un *soundsystem* llamado Bachelor Sound. Esto fue así hasta que, por una visita de Nando Boom, y al parecer por haberse cruzado con el productor jamaiquino Karl Miller, grabó *Tu pun pun* y fue un éxito, llegando incluso a ocupar el quinto lugar de las más escuchadas en la radio estadounidense. Desde Nueva York, pero con sonidos jamaiquinos y palabras panameñas, El General empezó la etapa de su carrera musical menos *underground*.

En la misma entrevista con Twickel, cuenta que en las fiestas que hacía con su Bachelor Sound veía reacciones más fuertes en el público cuando cantaba en español, por eso empezó a grabar en este idioma. Sin embargo, también dijo que en ese momento esto no era porque su audiencia fuera latina:

> "Básicamente el público era americano, anglosajón. (...) Imagínate, yo cantaba con The Cold Crush Brothers, C&C Music Factory. Cuando estaba empezando cantaba con ellos en el mismo cartel, con Martha Walsh, con toda esa gente de entonces. Me ponían allí como un bonus track. Poco a poco empecé a gustarle al público, abriendo shows para Shabba Ranks; pero entonces el tipo dijo: 'No. No quiero que vuelva a telonearme'. Fue porque un montón de latinos comenzaron a venir. Los latinos empezaban a identificarse conmigo".

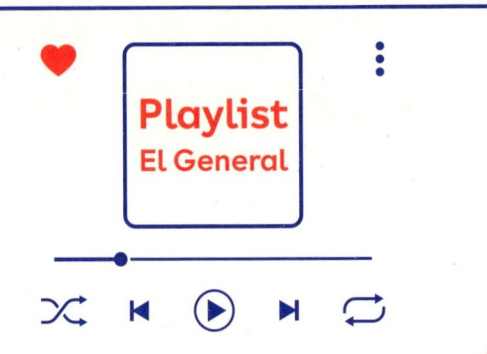

Playlist
El General

1. *Tu pun pun.* Estás Buena, 1991.
2. *Te ves buena.* Muévelo con El General, 1991.
3. *Muévelo.* Muévelo con El General, 1991.
4. *Son bow.* Muévelo con El General, 1991.
5. *Caramelo.* El Poder de El General, 1992.
6. *Rica y apretadita.* Es Mundial, 1994.
7. *Robi-Rob's Boriqua Anthem ft.* C+C Music Factory, 1998.

Nueva York es un puente

Muchas de las canciones de El General fueron grabadas en Nueva York en los 90, como es el caso de *Tu pun pun*, que es una traducción de *Punnany Tegereg* del artista jamaiquino de dancehall y reggae Little Lenny. Según cuenta la artista panameña para entonces radicada en Nueva York Excenia Knights Rude Girl La Atrevida en el pódcast *Loud*, sobre la historia del reggaetón, *Tu pun pun* fue un *hit* fácil pues ya estaba pegada en inglés en Estados Unidos y algunos países de Latinoamérica. Entonces, cuando El General la cantó en español, se volvió popular rápidamente.

Como El General, Nando Boom y Rude Girl La Atrevida, otros artistas Latinoamericanos migrantes radicados en Nueva York empezaron a acoger esa práctica de hacer *covers* en español del reggae y el dancehall, tanto que para 1991 hubo suficiente para que Columbia Records decidiera hacer una compilación que incluía también las versiones *originales* de canciones de los jamaiquinos Super Cat, Cutty Ranks, Ninjaman, Little Lenny, entre otros. Llevó el nombre de Dancehall Reggaespañol.

Sellos de Nueva York y sus alrededores, como HC&F, le pusieron atención a esta música, que era escuchada y hacía parte de fiestas sobre todo en el distrito de Brooklyn, que junto con Queens reunía dos tercios de todos los migrantes que entraron entre 1990 y 1994 a Nueva York. Personas que habían llegado de Panamá, Haití, República Dominicana, Jamaica y otros países latinos se establecieron sobre todo en barrios como Crown Heights, Canarsie y Flatbush.

Nueva York

España

Jamaica

República Dominicana

Puerto Rico

Panamá

Colombia

Brasil

Chile

Argentina

De Nueva York, los discos eran llevados por las redes de migrantes latinoamericanos a sus países de origen.

Sin embargo, para la década de los 90, la mayor cantidad de migrantes latinos en esta ciudad no eran de Panamá o Jamaica, sino de Puerto Rico. En total eran 896.763 personas de ascendencia puertorriqueña que representaban el 12,2% de la población neoyorquina.

Esto se debe, entre otras cosas, a que Puerto Rico *es parte* de Estados Unidos desde 1898, cuando el ejército gringo invadió la isla durante la Guerra Hispano-Estadounidense. Aunque este hecho le ha significado una pérdida de soberanía económica, militar y política a la isla, que antes estaba controlada por España, ha facilitado el tránsito al continente. Desde 1904 los migrantes puertorriqueños dejaron de ser extranjeros en Estados Unidos y desde 1913 los residentes de Puerto Rico son ciudadanos estadounidenses (aunque con menos derechos constitucionales); esto, combinado con la precarización de la vida en la isla, hizo que en las décadas posteriores miles de boricuas se asentaran en Nueva York.

Así, quienes viajaban de ida o vuelta entre Puerto Rico y Nueva York llevaron en sus maletas los discos que hicieron que el reggae en español empezara a escucharse en la isla. Llevaron, también, el rap.

Nuyorican

Han sido tantos los migrantes de ascendencia puertorriqueña o nacidos en Puerto Rico que han llegado a Nueva York, que, entre las décadas de los 60 y los 70 nació un movimiento conocido como Nuyorican, que une artistas plásticos y performáticos, escritores, músicos y demás que quieren reconocer su identidad cultural y reunirse para discutirla y para crear.

> El término fue primero usado como insulto, pero el escritor Jesús Colón lo adoptó para describir sus vivencias y su literatura; el libro *Un puertorriqueño en Nueva York y otros bocetos*, escrito en inglés, que narraba la discriminación, el racismo y los problemas con el lenguaje que tuvieron él y otros migrantes, fue una publicación base para la facción literaria del movimiento. Solían reunirse en el Nuyorican Poets Café, fundado, entre otros, por el poeta y profesor Miguel Algarín.

En Puerto Rico ya sonaba rap

Cuando llegó el reggae en español a Puerto Rico, ya sonaba rap. Desde los años 80, la isla había sido impactada por los sonidos de los raperos de la costa este como MC Lyte, Run DMC, Big Daddy Kane, Kool G Rap, Queen Latifah, The Fat Boys, The Sugarhill Gang y Salt-N-Pepa. Estos sonidos estaban más presentes en los caseríos, donde en 1986 se conocieron Vico C y DJ Negro, quienes cambiaron para siempre la manera en la que los boricuas se conectaban con el rap, y con este gesto contribuyeron a fundar un nuevo género: el reggaetón.

Luis Armando Lozada Cruz, conocido como Vico C, nació en Nueva York pero a los cinco años se mudó con su familia a Puerto Rico, donde empezó a conectarse con el arte a través del teatro. Desde los diez años hizo parte del Nuevo Teatro Pobre de América, un teatro popular en San Juan, liderado por el dramaturgo Pedro Santaliz.

Caseríos ←
En Puerto Rico, los caseríos son viviendas residenciales subsidiadas por el Gobierno y pensadas para ser habitadas por personas con bajos recursos económicos. La isla tiene aproximadamente 328 proyectos de vivienda pública donde viven alrededor de 100.000 personas.

Cuando ya participaba en obras y había decidido de alguna manera integrar este oficio, llegó el hip hop a su vida. Tenía doce años. Empezó a rapear en inglés, con el poco que había aprendido en la Escuela Dr. Martin Grove Brumbaugh, en el distrito de Puerta de Tierra, donde estudiaba, pero se dio cuenta de que le faltaban palabras: "Yo me cansé del sufrimiento de no entenderme y querer hacer rap", le dijo a Francisco Zamora en una entrevista que le hizo en 2023. Entonces, decidió hacerlo en español, cosa que hacían pocos para la época.

Inició en el dúo VG Princes que formó con su amigo Glenn, con quien se presentó en un concurso de rap que había organizado DJ Negro, productor, ingeniero de sonido y precursor del reggaetón. En el concurso, Glenn y él hicieron la primera ronda en inglés con la que no sorprendieron mucho, pero Vico C pidió repetir su turno y ahora hacerlo en español y el público respondió, sobre todo cuando cantó:

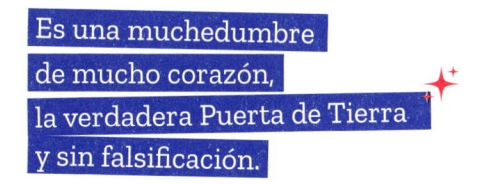

> Es una muchedumbre de mucho corazón,
> la verdadera Puerta de Tierra
> y sin falsificación.

Casetes
Dispositivo analógico de plástico que cuenta con una cinta magnética en la que se puede registrar sonido y luego reproducirlo. La empresa Philips fue la primera en lanzarlo, en 1962, y fue ampliamente utilizado hasta finales de los 90.

Del teatro, Vico C dice que aprendió a comportarse en una tarima y, sobre todo, entendió la importancia de que las letras que cantaba fueran claras. "Impresiono más diciendo algo profundo que se entienda de manera simple", dijo a Zamora. Por eso, desde su primera canción, *No a las drogas*, que sacó en uno de los casetes que hacía y distribuía DJ Negro en su propio carro por los barrios de San Juan con recopilaciones de artistas, su *delivery* era efectivo. Esto hizo que

Playlist
Vico C

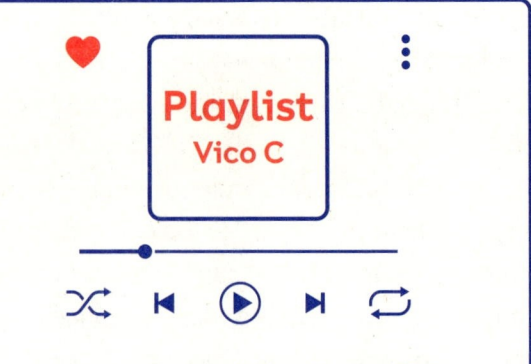

1. *Me acuerdo*. Misión: La Cima, 1990.
2. *Bomba para afincar*. Hispanic Soul, 1991.
3. *El bueno, el malo y el feo ft.* Tego Calderón y Eddie Dee. El Honor a la Verdad, 2003.
4. *Lo grande que es perdonar ft.* Gilberto Santa Rosa. Desahogo, 2005.
5. *Compañera*. Desahogo, 2005.
6. *La vecinita*. Los Bandoleros Reloaded, 2006.
7. *Sentimiento ft.* Arcángel. Babilla, 2009.

su música se pegara aún más y se convirtiera rápidamente en un referente para otros que querían narrar sus vivencias rapeando en un idioma familiar. Ahora era posible.

Bomba para afincar salió el mismo año que los mayores éxitos de El General, y en ella Vico C rapea sobre un *beat* de reggae; por eso, ha sido señalada por muchos como la primera canción de reggaetón de la historia. Salió en el álbum Hispanic Soul que distribuyó Prime Records, un sello del productor ejecutivo Jorge L. Oquendo que también había lanzado el álbum Estás Buena, de El General, y el que se dice fue el primer álbum de hip hop de una mujer en la historia de Latinoamérica, en 1990: Trampa, de Lisa M, que tenía cinco canciones, una en colaboración con Vico C.

DJ Negro y The Noise

Después de estar un tiempo con Vico C como una dupla al mejor estilo del rap —un MC (Master of Ceremonies, el intérprete) y un DJ—, DJ Negro vendió *hot dogs* y trabajó seleccionando la música en Joseph Café; cuando quiso montarles la competencia, nació The Noise. Esta discoteca abrió sus puertas en 1991 en San Juan y ponían reggae panameño, dancehall jamaiquino, rap y house que llegaba desde Estados Unidos. No sonaban Vico C, ni Lisa M, ni ningún local.

Esto cambió, en parte, gracias a una balacera. En una entrevista con el locutor y comediante Molusco, DJ Negro contó que luego de un tiroteo que hubo en La Perla, frente al local, pensó que menos personas iban a ir el siguiente fin de semana y supo que necesitaba una estrategia. Entonces, le preguntó a DJ Eric si él había visto alguna vez una foto de Pocho Pan.

Pocho Pan era un artista panameño de reggae en español que en ese momento tenía pegada una canción llamada *Bobo*. DJ Eric no sabía cómo lucía el artista y tampoco DJ Negro, "y si tú y yo no sabemos cómo es Pocho Pan, aquí nadie va a saber". Entonces se fue a Mayagüez y les pidió a unos chicos que se aprendieran las canciones y se presentaran en The Noise haciéndose pasar por artistas. Y eso hicieron. "A la gente se le olvidó que hubo un tiroteo".

Así fue la primera presentación en vivo allí, pero no la última. Comenzó a traer artistas de afuera de la isla, pero rápidamente se dio cuenta de que, si grababa artistas locales, los sonaba en la discoteca y luego los contrataba para cantar allí, el margen de ganancia era mayor. Con modelos similares se presentaron Falo, Wiso G, Daddy Yankee, Maicol & Manuel,

DJ Eric
Fue uno de los productores más relevantes de los inicios del reggaetón. Desde el 2000 hizo sus propios discos seriados bajo el nombre La Industria, en la que participaron artistas como Glory, Don Chezina, Don Omar, Divino, Baby Rasta & Gringo, MC Ceja, Lito & Polaco y Alberto Stylee.

Baby J, Ranking Stone, y muchos otros de la escena *underground*.

Las grabaciones que hacía para pegar las canciones en la discoteca no estaban pensadas para distribuirse, pero en 1994 decidió convocar a otra competencia similar a la que hizo cuando encontró a Vico C y con los ganadores creó un *tape* que tituló The Noise Underground Original. En esta primera entrega aparecieron artistas como Polaco, Don Chezina, Las Guanábanas y Baby Rasta & Gringo, uno de los dúos más relevantes del reggaetón; todos rapearon sobre una pista sin pausa de reggae. The Noise se convirtió en una serie de discos que tuvo 10 entregas, 2 álbumes en vivo y 3 recopilatorios con producciones de DJ Crane, DJ Joel, DJ Joe, DJ Eric, Tony Touch, DJ Nelson, Master Joe, Urba & Monserrate, Castor, Rafo, Mambo Kings, Rafy Mercenario, Luny Tunes, Tasmania, Kalin, Sosa, DJ Dicky, Nesty.

Suenan en The Noise

Master Joe
La Nana
Bebe
Naughty Boy
Camalion
Miguel Style
Bebe Faze
Black Page
Manec
Fido MC
Ivy Queen
Baby J
Ruben Sam
OG Black
Don Chezina
Chaka Black
Maicol Y Manuel
Vico C
Polaco & Prieto
Roger
3 To Get Funky
Carnicero
Tito3
Akin Ninja Nai
Ranking Stone
O.G.M & Oakley
Chago
Héctor & Tito
Nieto
Ñejo
NottyPlay
Danger
Wiso G
Los Implacables
El Tribi
Medio Polvo
Gelo Star
Vale
Pon
Apache
Cano D
Party Baby
Dicky Ranking
Alberto Stylee
Cheka
Keribell
Point Breakers
Blanco
Falo
Baby Rasta & Gringo
Rubio & Joel
Ruff Society
Prieto Valdez
Babby Shabba
Trebol Clan
Memo
Zion & Lennox
Nieto & Face
Nicky Jam
Kalil
Las Guanábanas
Kid Melaza
Little Boys
K2 John
Digital Harry
Manec
Jam & Suppose
Getto & Gastam
Baby Rank & Mr. Biggie
Jomar
Rock One

El Chombo

El Chombo es un DJ, locutor y productor panameño que en 1996 lanzó Los Cuentos de la Cripta, una recopilación de artistas panameños, jamaiquinos y puertorriqueños como Aldo Ranks, Cutty Ranks, Héctor & Tito y Latin Fresh. En total hubo cuatro entregas con canciones como *Celebrando*, *Mueve mami*, *El gato volador*, *Bailando*. Esta producción tuvo la colaboración de DJ Negro, creando aún más redes musicales entre Panamá y Puerto Rico.

> Y si tú vieras, Chombo, cómo baila esa mujer
> Estoy seguro que también podrías enloquecer
> Es por eso que con ella quiero quedarme
> Y con el vino de su cuerpo toda la noche embriagarme.
>
> *Bailando* (2004)

UNDERGROUND

Antes de que el reggaetón fuera conocido con ese nombre en Puerto Rico, los artistas que hacían rap en español (que a veces rapeaban sobre pistas de reggae) reconocían este movimiento musical como underground.

Desde el inicio fue un movimiento perseguido por su lenguaje violento y explícito, tanto en las canciones como en los videos musicales. Era así, sobre todo, porque los artistas del underground solían vivir en los caseríos y usaban la música para retratar su realidad, muchas veces precaria. Además, eran comunes las tiraderas: canciones que hacían las veces de cuadriláteros en las que entre *crews* o artistas se insultaban con violencia, se ventilaban los problemas y defendían así quién tenía más poder.

Esto hizo que para 1993, cuando Pedro Rosello tomó posesión de la Gobernación de Puerto Rico con la campaña Mano Dura Contra el Crimen, el underground estuviera en la mira. Sus detractores argumentaban que, lejos de ser un retrato de los caseríos, esta música incentivaba el consumo de drogas y la agresividad.

Así, cuando The Noise 2 salió, en 1994, la policía fue a las tiendas de música e incautó todos los *tapes* del género que encontraron. Incluso pasaba que, si escuchaban underground sonando en un carro, les pedían a los conductores parar para incautar el disco.

> En los inicios del reggaetón, era común que los artistas que grababan con un productor se quedaran con él siendo parte de su *crew*, guardando cierta lealtad. Esto hizo que ciertos cantantes se movieran entre bandos y se atacaran entre *crews* dentro (y a veces fuera) de las canciones.

Por suerte para DJ Negro, él ya había pensado que, si quería que sus discos fueran realmente comerciales, debía suavizar un poco el lenguaje. Por eso, cuando estas redadas sucedieron, él ya tenía listo The Noise 3 con letras "limpias", lo que le permitió ser uno de los únicos productores de underground con un disco a la venta por esos días. Gracias al lenguaje menos brusco y a la atención que tuvieron por la intervención de la policía, pudieron llegar a la televisión y a la radio y así impulsar el género en públicos diversos.

El movimiento underground escuchó igualmente los temas de The Noise 3 y muchas canciones se pegaron. Incluso la parte de Baby Rasta & Gringo, que luego sería conocida como *Cierra los ojos bien*, fue citada y parafraseada junto a otras canciones consideradas clásicas del reggaetón veinticuatro años después, en *Perreo en la luna* del EP The Academy, un disco colaborativo entre los artistas Sech, Dalex, Justin Quiles, Lenny Tavárez y Feid.

Cierra los ojos bien
Y solamente pide un deseo
Para que estés a mi lado
Me beses, me acaricies
Me des tu calor otra vez
Cierra los ojos bien. The Noise 3, 1995.

Cierra los ojos bien
Y solamente siente el perreo
Que ya estás prenda, yo te lo creo
Tú vas a toda y yo te baqueo
Perreo en la luna, The Academy, 2019.

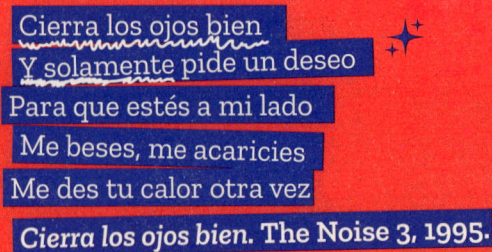

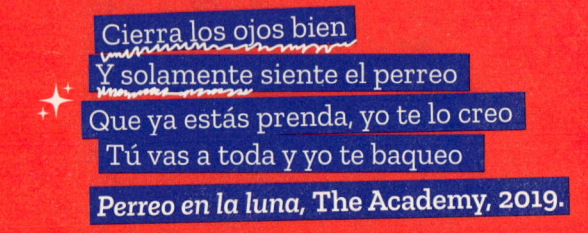

La remezcla y el sampleo en el reggaetón, como sucede con otros géneros musicales cercanos como el rap, no son solo sonoros. Una de las maneras en las que trascienden, son recordadas y a ratos homenajeadas las canciones de los inicios del reggaetón (y otras memorables que le siguieron) es cuando otros artistas, por lo general más jóvenes, traen fragmentos al presente, cuenten o no con la colaboración del artista *original*. En ocasiones sucede, incluso, que la canción que primero se publicó vuelve a ser escuchada y posicionada a partir de la referencia.

A veces es tan evidente que el título se conserva:

Punto 40 de Baby Rasta & Gringo. 1996.
Punto 40 de Rauw Alejandro *ft.* Baby Rasta. Saturno, 2022.

Besos mojados de Wisin & Yandel. La Revolución, 2009.
Besos Moja2 de Rosalía *ft.* Wisin & Yandel. La Última Misión, 2022.

Y en otras se cita solo un pedacito:

Dile que bailando te conocí, cuéntale
Dile que esta noche me quieres ver, cuéntale
Cuéntale que beso mejor que él, cuéntale
Dile que esta noche tú me va' a ver, cuéntale

Dile de Don Omar. The Last Don, 2003

No sé cuánto tengo que esperar
Pero se va a romper el reloj
Y a mí no me corren las demás
Como Don Omar dile que fui yo
Que bailando fue que nos conocimos

Si preguntas por mí de Tainy
ft. Kris Floyd y Judeline. DATA, 2023

Oh-ah, quiero que ella mueva su cuerpo, oh-ah
Quiero que en la pista baile, oh-ah
Quiero tocar tu cuerpo, oh-ah
Quiero que lo bailes lento

Tocar su cuerpo de Tego Calderón
ft. Yandel, 2004

Oh-ah, quiero que te pegues lento
Oh-ah, quiero que en la pista baile'
Oh-ah, me vuelvo loco si tú no estás

Una nota de J Balvin
ft. Sech. JOSE, 2021

The Original Rude Girl: Ivy Queen

Aunque Ivy Queen trabajó primero con el productor DJ Joe, desde 1995 hizo parte del *crew* de DJ Negro, luego de una especie de audición donde tiró con su voz ronca un rap que decía así:

> Muchos quieren tumbarme les digo mira, no, no, que no van a poder.
> Si cuando la gente sabe que llegó la Queen, la nena del reggae.

Eddie Dee
Fue uno de los artistas, compositores y productores pioneros del underground. Es reconocido sobre todo por su álbum El Terrorista de la Lírica, que lanzó en el 2000, y 12 Discípulos de 2004. Solía participar en tiraderas, sobre todo a Lito & Polaco y Héctor El Father.

Desde ese año participó en las recopilaciones de The Noise y rápidamente sacó su primer álbum en solitario, que se llamó En Mi Imperio (1997). Tuvo reconocimiento como rapera y, para el 2004, cuando ya el reggaetón era una escena a la cual pertenecer en Puerto Rico, ella estuvo adelante. Ese año salió el álbum colaborativo 12 Discípulos, convocado por Eddie Dee, que pretendía mostrar los artistas más *duros* del momento. En el intro del álbum, Ivy interpretó dos de sus estrofas más populares, en las que puede leerse tal vez el tema más recurrente en su repertorio: el poder de ser ella.

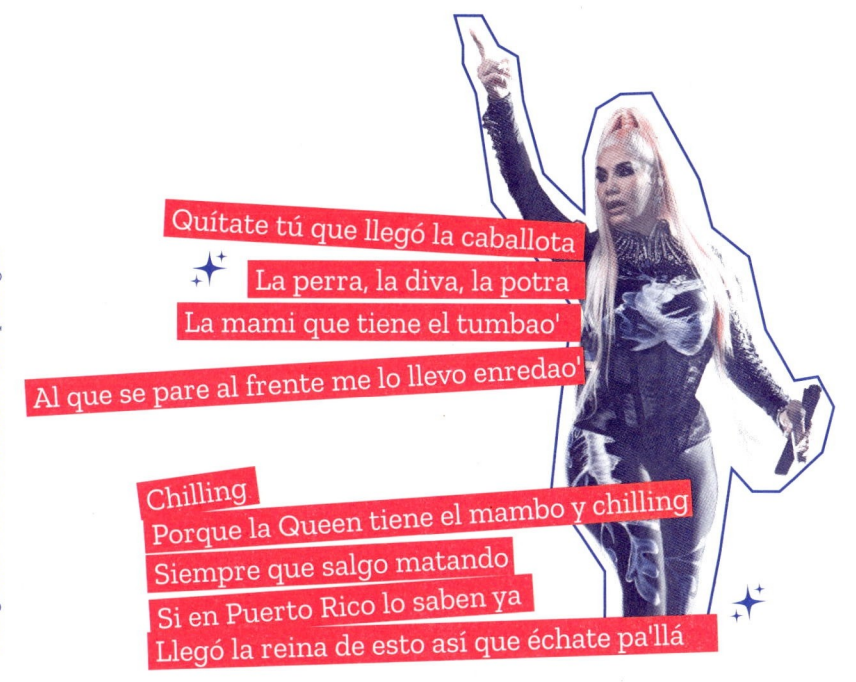

Quítate tú que llegó la caballota
La perra, la diva, la potra
La mami que tiene el tumbao'
Al que se pare al frente me lo llevo enredao'

Chilling
Porque la Queen tiene el mambo y chilling
Siempre que salgo matando
Si en Puerto Rico lo saben ya
Llegó la reina de esto así que échate pa'llá.

Fotografía: © Scott Dudelson / Getty Images.

Los tiempos de Playero

Antes de los *tapes* de The Noise, estaban los de Playero.

DJ Playero o The Majestic creció con un papá percusionista; en su casa en el barrio Trastalleres en Santurce, Puerto Rico, se escuchaba salsa y la música era constante. Tal vez por eso fue natural para él poner la radio de un lado y el tornamesa al otro de la bocina para intentar emparejar los tiempos de las canciones; fue natural probar ser DJ. Le gustó tanto que empezó a tocar en *parties* de marquesina (o fiestas de garaje), donde su nombre se ancló a la buena fiesta.

Muy rápido empezó a grabar casetes, en un principio con los géneros que más escuchaba, como disco, house, new wave. A cada mezcla que hacía, la nombraba y numeraba así: Playero Volumen 1, 2, 3, 4... Compraba una caja de 10 casetes, los vendía o regalaba y quienes los recibían se encargaban de regarlos. Además, trabajaba con Vico C y DJ Negro haciendo pistas en una *drum machine* Roland TR-505. En 1989 participó en La Recta Final, considerado el primer álbum profesional de esta dupla.

DJ Nelson
Es productor y fundó el sello Flow Music. Además de colaborar en The Noise, hizo sus propios *tapes* bajo el nombre Flow, en los que participaron artistas como Eddie Dee, Héctor & Tito, Yaviah, Daddy Yankee, Nicky Jam, Magnate & Valentino, Ivy Queen, Zion & Lennox y otros. En 1999 empezó un segmento 24/7 de reggaetón junto a DJ Coyote en Mix 107.7 FM, en San Juan.

CD
El disco compacto (CD, por su sigla en inglés) es un instrumento óptico de 12 cm de diámetro que permite almacenar información como imágenes, texto, datos, documentos y hasta 80 minutos de audio.

"Playero fue el pionero. Fue el primer DJ que salió con muchachos tirando letras en español con ritmo de reggae", dijo DJ Nelson. Cuando llegó al *mixtape* Volumen 34, en los primeros años de los 90, empezó a poner artistas de underground sobre una pista de ese ritmo que desde Jamaica hizo escala en Panamá y Nueva York hasta llegar a Puerto Rico. Allí rapearon sobre reggae, dancehall y raggamuffin Ranking Stone, Apache, Daddy Yankee, Miguel Play y otros artistas extranjeros.

En el Volumen 37, de 1993, los artistas locales fueron los protagonistas. Grabaron en la sala del apartamento 501 del edificio 33 de Villa Kennedy con una Tascam de 4 canales de casete, un sample Gemini de 4 memorias y un tornamesa en una sola tirada, contó en una entrevista publicada por Mucho Flow 593, una emisora de Ecuador. Para muchos fue en ese apartamento y en ese disco que se consolidó el underground, el reggaetón. Fue también la razón por la que DJ Negro comenzó a hacer los *tapes* de The Noise: porque Playero había grabado con los artistas que solían pegarse y presentarse en la discoteca y Negro no podía permitirlo. Ese era su *crew*.

El inicio de Playero 37, que fue uno de los primeros álbumes de reggaetón en salir en CD, es con unos versos en inglés y partois y luego empieza a rapear una voz en español que sobresale: la de Daddy Yankee. En ese momento el concepto de canción no era técnicamente aplicado en el underground, pues la pista de reggae era continua; sin embargo, la parte inicial de Yankee sería conocida como *Donde mí no vengas*.

> Y el reggae nunca fallece porque Yankee está vivo
> Y esta aquí para darte, sí, lo que nadie te ha podido dar
> Que es el puro puro raggamuffin que te pone a danzar
> ¿Cómo dice?
>
> Donde mí no no venga
> Si quiere de mi perdón ahora

King Daddy

Fue también en Villa Kennedy que Daddy Yankee empezó a hacer *Gasolina*.

Nació como Ramón Luis Ayala en una familia de músicos; a él siempre le gustó cantar e improvisar, aunque dice que lo que más disfruta en la música es hacer ritmos. Desde que apareció en el primer *tape* de DJ Playero (en Playero 34), con alrededor de 16 años, impresionó la rapidez con la que podía rapear. En 1995 lanzó su primer EP llamado No Mercy, que fue producido por Playero y Nico Canadá. El sello White Lion Records de Elías de León nació con este álbum, y años después se consolidaría aún más al impulsar artistas como Tego Calderón, Calle 13, Cosculluela y otros.

Sin dejar su carrera de solista, Yankee tuvo dos dúos, uno con Mexicano 777 y otro con Nicky Jam, que se llamó Los Cangris. Con este último hizo canciones consideradas clásicas del reggaetón como *Guayando*, *En la cama* y *Dónde están las gatas*. Ambos duetos se desintegraron antes de que Yankee lanzara

MP3

Su nombre completo es MPEG-2 Audio Layer III y es un formato digital de compresión de audio. Es común para reproducir sonidos en computadores, celulares y otros dispositivos electrónicos.

Glory

La voz que dice "Dame más gasolina" en *Gasolina* y "Dale papi, que estoy suelta como gabete" en *Dale Don Dale* de Don Omar, es Glory. Esta cantante boricua no solo era corista; participó en los *tapes* Street Style de DJ Eric y lanzó en 2005 su álbum Glou/Glory, en el que destacaron *La popola* y *La traicionera* con Don Omar.

en 2004 Barrio Fino, uno de los álbumes más importantes de la historia del reggaetón.

Para ese año, entre las plataformas de distribución de archivos (legales e ilegales) como Napster, la piratería, la popularización del formato MP3 y de reproductores como el iPod, quienes pensaban la música como un negocio de vender discos tuvieron que reajustarse. Barrio Fino fue pirateado antes de su lanzamiento y esto hizo que Yankee anunciara su retiro y fuera a buscar un cupo para estudiar Contabilidad. No alcanzó a ir a su primera clase cuando se enteró de que, a pesar de la distribución clandestina, en un par de semanas este álbum había vendido más de 200.000 copias, como cuenta en una entrevista con Molusco.

Según Univisión, este álbum vendió en total 8 millones de copias en el mundo y según *Billboard* fue el álbum latino más vendido en toda su década. El *track* número 5 de Barrio Fino es *Gasolina*, que compuso Yankee con Eddie Dee, Glory en el coro y Luny Tunes en la producción; fue la primera canción de reggaetón en popularizarse fuera de Latinoamérica. Fue el sonido de *Gasolina* el que hizo que el mundo se preguntara, ¿qué es reggaetón?

Fotografía: © Mark Sutton - Formula 1 / Getty Images.

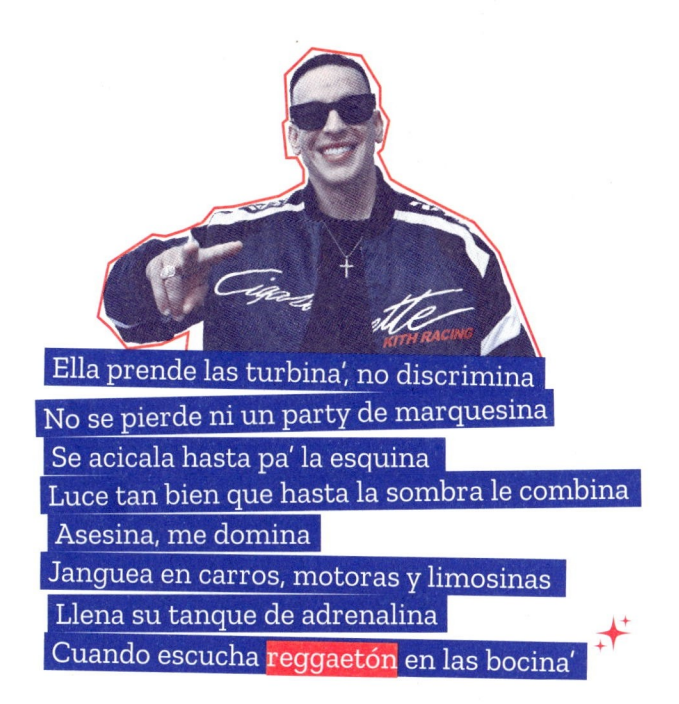

> Ella prende las turbina', no discrimina
> No se pierde ni un party de marquesina
> Se acicala hasta pa' la esquina
> Luce tan bien que hasta la sombra le combina
> Asesina, me domina
> Janguea en carros, motoras y limosinas
> Llena su tanque de adrenalina
> Cuando escucha reggaetón en las bocina'

Aunque Yankee tuvo varias canciones número 1 en su carrera, solo una más tuvo el nivel de difusión y atención que *Gasolina*.

Despacito es una canción del álbum Vida de Luis Fonsi, un cantautor boricua hasta entonces reconocido por sus baladas. Fue lanzada en enero de 2017 y tan solo seis meses después de su lanzamiento, y con un remix con Justin Bieber encima (cantando en español), alcanzó un logro poco común: fue la canción con más reproducciones (4.600 millones) hasta la fecha. Además, estuvo entre las más escuchadas en 47 países.

En una entrevista cinco años después de este lanzamiento, Yankee dijo:

> **"**
> *Despacito* terminó de cerrar el ciclo de la música latina, fue un tema que le dijo al mundo: no nos pueden negar más, llegamos y nos vamos a quedar para siempre".

Playlist
Daddy Yankee

1. *Latigazo.* El Cangri.com, 2002.
2. *Segurosqui.* Los Homerun-Es, 2003.
3. *Gata gangster ft.* Don Omar, Los Homerun-Es. 2003.
4. *Cógela que va sin jockey.* Más Flow, 2003.
5. *Aquí está tu caldo.* Blin Blin Vol. 1, 2003.
6. *King Daddy.* Barrio Fino, 2004.
7. *Tu príncipe ft.* Zion & Lennox. Barrio Fino, 2004.
8. *Se activaron los anormales ft.* Divino. Todo a su Tiempo, 2004.
9. *Salgo pa' la calle ft.* Randy. Talento de Barrio, 2008.
10. *Llegamos a la disco ft.* De La Ghetto, Arcángel, Ñengo Flow, Farruko, Alex Kyza, Kendo Kaponi y Baby Rasta & Gringo. Prestige, 2012.

Punto y aparte: Tego Calderón

Luego de lanzar No Mercy de Daddy Yankee, White Lion Records lanzó los álbumes de compilados Boricua Guerrero y Planet Reggae, pero su momento más destacado como disquera fue en 2002, cuando lanzó el álbum El Abayarde de Tego Calderón.

> El Abayarde, Calde', also known as Tego
> Pasando el rolo, volvió el negrolo cocolo
> Que los jode como quiera, acompaña'o o solo
> Este es mi chance, sigo sin quitarte el guante
> Tirando alante, victorioso, con dios por delante
> ¿Tú quieres llegar somewhere?
> I'll take you there
>
> *El abayarde*

Tegui Calderón Rosario habla como canta. Su voz suena lenta, robusta y profunda. Tan rápido supo que la música era lo suyo que estudió en la Escuela Libre de Música, la academia más importante de Puerto Rico, donde aprendió a tocar la batería, un instrumento común para alguien que escuchaba sobre todo metal y rock. Nunca se imaginó al frente del micrófono.

Se fue de Puerto Rico a Estados Unidos con su papá en los años 80, pues este era partidario de la independencia de la isla y el trabajo no venía fácil para un epidemiólogo disidente. Alcanzó a llevarse el casete Sin Pena de Vico C y DJ Negro y, como cuenta en una entrevista hecha por el Chente Ydrach, allá empezó a intentar escribir en inglés, un idioma que no dominaba. Luego de un par de estadías en la cárcel en Estados Unidos y Puerto Rico, y algunas apariciones cantando en televisión, sintió que tenía que escribir; lo hizo con las palabras que conocía, que usaba en su cotidianidad.

Participó en álbumes recopilatorios e hizo algunas colaboraciones con Eddie Dee, pero entre su vocabulario expandido por los contextos que habitó (sobre todo con influencias dominicanas y de boricuas más adultos) y su tono pausado, parecía no ser compatible con el underground: "Yo no caía en esa pista rápida de reggaetón, se me hacía incómodo", dijo en la misma entrevista. Sin embargo, entendió experimentando que, en un híbrido entre salsa, bomba, rap y dembow, y yendo un poco más lento que lo que se acostumbraba en la época, podría encontrar su lugar.

Con el lanzamiento de El Abayarde, que fue el álbum más vendido en la historia del género en su momento, a pesar de haber sido primero pirateado, Tego demostró que, además de tener la destreza para hacer maleanteos, tiraderas y canciones sobre calle y mujeres, podía usar su voz para hablar de desigualdad, racismo, abusos de poder y las complejidades que vienen con ser latinoamericano y caribeño. Esto, además de la mezcla de rap con sonidos latinos y africanos, se mantiene en toda su obra musical.

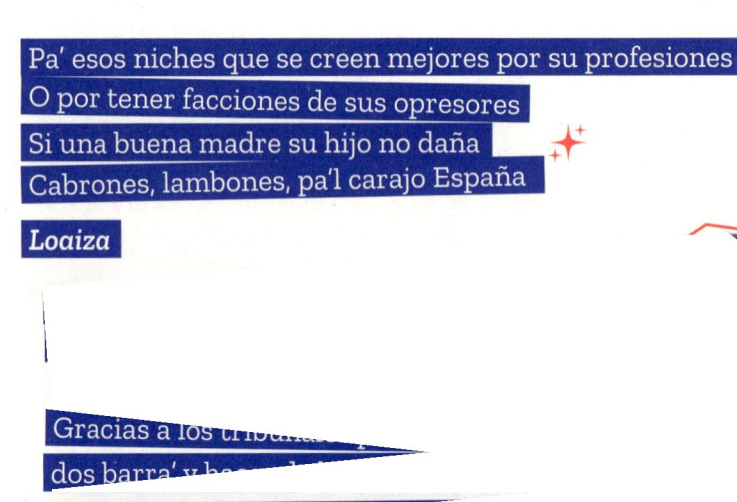

Pa' esos niches que se creen mejores por su profesiones
O por tener facciones de sus opresores
Si una buena madre su hijo no daña
Cabrones, lambones, pa'l carajo España

Loaiza

Gracias a los tribun...
dos barra' y ha...
Gracias al mand...
Y a los abayardes que a todas van

Gracias

Fotografía: © Gilbert Carrasquillo / Getty Images.

Playlist
Tego Calderón

1. *Cosa buena.* Planet Reggae, 2002.
2. *Pa' que retozen.* El Abayarde, 2002.
3. *La calle me lo pidió ft.* Yandel, Quién Contra Mí, 2003.
4. *Punto y aparte.* 12 Discípulos, 2004.
5. *Bandoleros ft.* Don Omar. Los Bandoleros, 2005.
6. *Quitarte to' ft.* Randy. El Abayarde Contra-Ataca, 2007.
7. *Sin exagerar ft.* Calle 13. Residente o Visitante, 2007.
8. *Pegaito a la pared ft.* Plan B. 2009.

Reggaetón Summer Fest

Con El Abayarde, Tego Calderón se convirtió en el artista más escuchado de la escena underground, que para ese momento ya se nombraba ampliamente como reggaetón. Si Barrio Fino hizo que el mundo entero se preguntara por ese *nuevo* sonido, el disco de Tego hizo lo propio antes en Estados Unidos. Por su flexibilidad musical, fanáticos de la salsa, el hip hop y el perreo hicieron que sonara en distintas estaciones de radio de ese país; y el hecho de que usara un vocabulario popular y amplio, de diversos países latinos, posibilitó una conexión con la comunidad migrante.

Fue tanto el impacto que solo un año después en el Madison Square Garden en Nueva York se hizo el primer concierto de reggaetón en la historia de ese país con 12.000 personas, sobre todo boricuas y dominicanos, y con Tego Calderón como artista principal. El evento fue comercializado como "El Coyote presenta: Reggaetón Summer Fest Concert" y fue la noche del sábado 9 de agosto de 2003. El Coyote es un locutor de radio que desde el inicio del underground abrió espacios en la radio e hizo las veces de promotor del género.

Fueron tres horas y media de concierto con apariciones de Don Omar, Héctor & Tito, Daddy Yankee, Rey Pirin, Yaga & Mackie, Ivy Queen, Alberto Stylee, Grupo Aventura, entre otros. El periodista Jon Pareles cubrió el evento para el *New York Times* y lo describió así:

- Qué buenos tiempos esos que no se olvidan
- La barbería en el balcón sonando reggaetón
- Con los panas en el portón, escuchando Chezidom
- Wheeleando la bicicleta como si es una motora
- El Coyote en la emisora
- Old School, Yandel ft. Farruko. 2024

> "Los raperos del reggaetón son tipos duros y gente de fiesta. Cuando no están alardeando de su valentía y armamento como raperos gánsteres, están ofreciendo detalles de cómo bailarán, beberán y seducirán a las mujeres. Cada ciertas canciones, los raperos coreaban diciendo 'Hasta abajo' y hacían una versión del baile del limbo agachados y con las caderas levantadas".

Tego Calderón apareció a interpretar su dembow híbrido con docenas de personas en el escenario: bailarinas, bailarines de *break dance* y percusionistas que interpretaron bomba. "Sus raps tenían algo de jactancia, algo de insulto y algo de coqueteo", cuenta el periodista.

La salsa no solo apareció en el repertorio de Tego. Los salseros Domingo Quiñones y Víctor Manuelle cantaron con Daddy Yankee y Héctor & Tito, respectivamente. Además, Raking Stone y Trebol Clan le hicieron un homenaje a Celia Cruz, que había fallecido semanas antes, recordando así que este era un evento latino.

King of kings

Un par de meses antes del Reggaetón Summer Fest, Don Omar había lanzado su primer álbum de estudio llamado The Last Don, o por lo menos su primer álbum desvinculado de la religión cristiana.

William Omar Landrón, luego conocido como Don Omar, vivió su adolescencia en un contexto complejo que lo llevó a buscar un lugar dentro del cristianismo, primero como feligrés, y no muy tarde como predicador. Del sermón pasó a la música, y como parte del dúo

Religión cristiana
La religión dominante en Puerto Rico es el cristianismo; según un informe de 2010 del Pew Research Center, el 96,9% de los boricuas se ubica como feligrés de alguna de las diferentes vertientes de este credo. Esto ha hecho que la relación entre el reggaetón y esta forma de fe sea inescapable. Hay artistas y álbumes dedicados completamente al reggaetón cristiano y artistas como Vico C y Don Omar lo han integrado a su obra de formas más sutiles. Héctor El Father, Tito El Bambino, Farruko, Almighty, Daddy Yankee y otros han puesto freno a sus carreras dentro de la música urbana para dedicarse a predicar.

Osito & Omar lanzó un disco llamado Génesis en 1996, que tenía letras cristianas sobre ritmos de reggaetón.

> Amigo, he comprendido que la vida no es solo vivirla
> Sino llevarla por el camino que a mi espíritu edifique
> Entre sombras el enemigo busca, tropieza y con la izquierda
> Pero Jesús es canto humano para
> que en mi camino no haya piedras
>
> **Juan 3:16** (título de la canción)

Tempo
Es un artista de rap en español y reggaetón que empezó su carrera con DJ Joe en los *mixtapes* de DJ Joe 3: Aplastando y DJ Joe 4: Como Antes, y en Playero 41 Past, Present & Future. Estuvo en la cárcel desde 2002 hasta 2013 y desde allí grabó y lanzó el álbum Free Tempo, que tiene música de la London Symphony Orchestra y colaboraciones con Wisin & Yandel, Tego Calderón y Divino, Jowell & Randy, Daddy Yankee, Mexicano 777, Arcángel, entre otros. Es reconocido, sobre todo, por sus tiraderas y guerras líricas.

De la Biblia pasó a la tiradera. Tres años después de Génesis, Don Omar hizo su debut en el reggaetón callejero con Yaga, tirándole a Tempo en The Cream 4: El Día del Juicio, un *mixtape* seriado del productor DJ Frank.

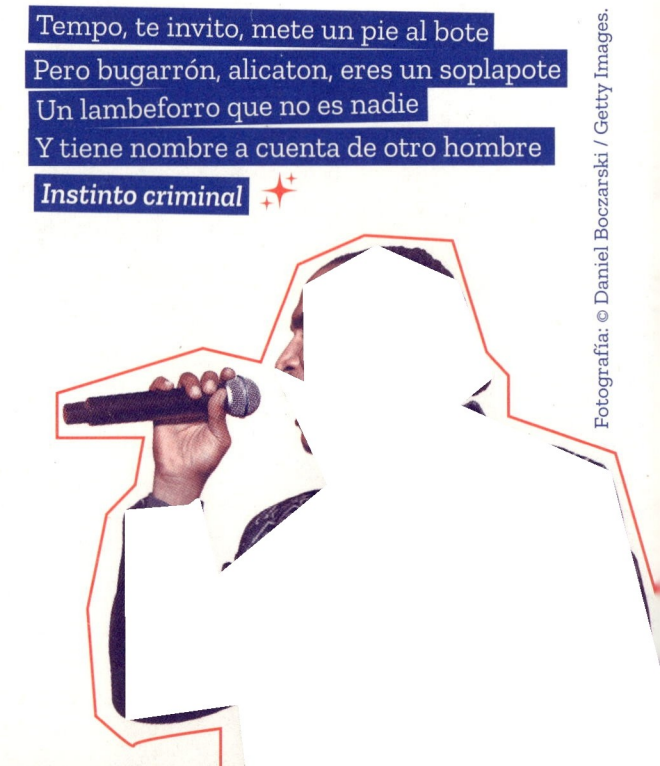

> Tempo, te invito, mete un pie al bote
> Pero bugarrón, alicaton, eres un soplapote
> Un lambeforro que no es nadie
> Y tiene nombre a cuenta de otro hombre
>
> **Instinto criminal**

Fotografía: © Daniel Boczarski / Getty Images.

La capacidad de Don Omar de pasar de un perreo predicador a un malianteo, y más tarde hablar de amor, fiesta, sexo e incluso de muerte, la tiene también para pasar de un género a otro. Su repertorio diverso y versátil tiene mezclas de reggaetón, bachata, balada, salsa, bolero, vallenato, rap, rock, entre otros. En una entrevista con el pódcaster Maiky Backstage dijo: "El género de nosotros es un género que por patrones de percusión nos da tanto espacio para meter cualquier tipo de música... yo lo aproveché".

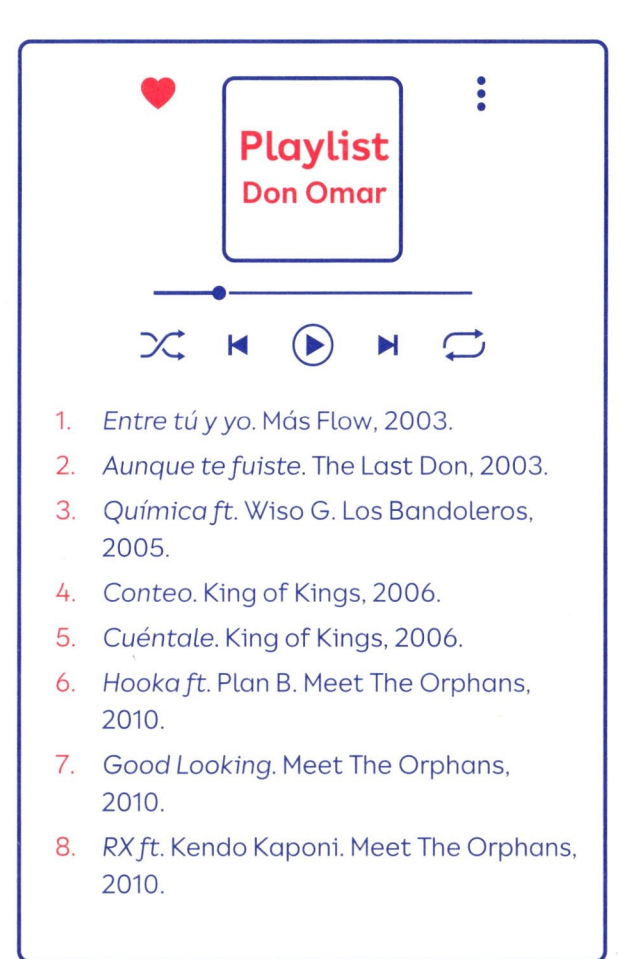

Playlist
Don Omar

1. *Entre tú y yo*. Más Flow, 2003.
2. *Aunque te fuiste*. The Last Don, 2003.
3. *Química ft*. Wiso G. Los Bandoleros, 2005.
4. *Conteo*. King of Kings, 2006.
5. *Cuéntale*. King of Kings, 2006.
6. *Hooka ft*. Plan B. Meet The Orphans, 2010.
7. *Good Looking*. Meet The Orphans, 2010.
8. *RX ft*. Kendo Kaponi. Meet The Orphans, 2010.

Chosen Few

Chosen Few es el nombre una serie de álbumes del productor Boy Wonder. La primera entrega, en 2004, fue un álbum de CD y DVD; este último contenía un documental que buscaba mostrar el presente del género. La segunda canción de este álbum fue *Reggaetón latino* de Don Omar, que se convirtió en una especie de himno y tuvo un remix con N.O.R.E., Fat Joe y LDA.

> Bailen, yales
> Muevan, suden
> Sientan el poder
> Del reggaetón latino

La segunda recopilación fue lanzada en 2006 con un video que retrataba la gira que hicieron por Estados Unidos los artistas vinculados al proyecto. En 2023 salió Chosen Few Fe, una recopilación con canciones con letras limpias y reggaetón cristiano que contó con la participación de Divino, J Álvarez, Jory Boy, Tempo, Darkiel, Almighty, Héctor Delgado (antes Héctor El Father), De La Ghetto, entre otros.

Be-ele-a-ese-ese dice Blass

Vladimir Félix o DJ Blass empezó a pensar en la música gracias a la iglesia y a su abuela; en la escuela dominical vio los primeros instrumentos y escuchó las primeras melodías que luego buscó en todas partes. Cuando era adolescente se robaba los discos de vinilo que coleccionaba su padrastro para crear sonidos de rap a partir de géneros inesperados como rock, metal, música clásica; en ese gesto se hizo a un método que no soltaría más.

En una entrevista publicada por *Vice* en 2015, Blass contó que en los inicios de su carrera era cantante de DJ Joe; desde ahí pudo ver cómo otros antes que él, como DJ Playero, DJ Dicky, DJ Eric, DJ Flavor y el mismo DJ Joe hacían su trabajo. Vio y estudió cómo buscaban los sonidos, cómo los sampleaban y cómo los convertían en reggaetón. Luego hizo lo mismo, a su manera.

Su manera incluyó CD que no traían música, sino programas. En 1999 empezó a mezclar en el computador en Acid, un programa que permitía jugar con *loops*, pero fue con Fruity Loops y Sound Forge (un editor de audio) que pudo armar sus librerías, que incluían altas dosis de

Fruity Loops
Es una estación de trabajo de audio digital desarrollada por la empresa belga Image-line Software. Su uso ha sido amplio en la producción musical desde su lanzamiento en 1997. Hasta 2003 se llamó Fruity Loops, pero ahora es conocido como FL Studio.

Blass, dile a estos locos quién inventó el Fruity Loops

El Booty,
Chyno Nyno

dance, house y trance. Con esto moldeó su sonido, un reggaetón algo más lento, sintético y futurista.

Empezó cantando y produciendo con el grupo @ria 51, que incluyó a Geniokila, Great Kilo, Guelo Star, La Gringa Xtasy, Pato Gay, Speedy, Plan B y Blade Pacino. El primer álbum que lanzaron fue Aliados al Escuadrón, en 1999, haciendo referencia al Escuadrón del Pánico, el nombre de una serie de *mixtapes* de DJ Joe, con quien algunos de estos artistas iniciaron su trabajo. Luego lanzaron Reggaeton Sex Vol. II y III, Triple Sexxx y Reggaeton Sex Crew, nombre con el que también era conocido este junte.

El sonido de DJ Blass empezó a ser tan buscado que artistas como Wisin & Yandel, Plan B, Zion & Lennox, Yaga & Mackie y Alexis & Fido esperaban en fila para grabar con él. En 2001 lanzó Sandunguero con Pina Records, uno de los sellos boricuas más relevantes que distribuyó y trabajó con artistas como Daddy Yankee, Plan B y R.K.M & Ken-Y. Este fue su primer álbum como productor solista y para muchos fue uno de los discos que acercó el reggaetón de ese momento a un sonido enfocado en el movimiento: que hiciera perrear, bailar, darle hasta abajo.

En Sandunguero, además, confluyen algunos de los dúos boricuas más escuchados del género: Wisin & Yandel, Los Cangris, Lito & Polaco, Yaga & Mackie, Maicol & Manuel. A inicios de los 2000, gran parte de los cantantes de reggaetón hacía parte de duetos. Para un género que empezó con grupos enormes de artistas cantando a turnos sobre la misma pista, la asociación es natural. Musicalmente tiene sentido, porque el género pide voces melódicas y voces que puedan rapear, y muchas veces un solo artista no hace ambas.

BABY RASTA & GRINGO

Años activos
1992 a ▓▓▓▓▓
(con una pausa entre 2005 y 2008).

Para conocerlos
Tengo una punto 40. Live Desde El Más Allá, 1997.
El Carnaval. Sentenciados, 2004.
Me niegas. Los Cotizados, 2013.

También llamados
El Dúo de Mayor Trayectoria,
Los Lobos.

Primero se llamaron los Easy Boyz y trabajaron con DJ Herbert, pero cuando entraron a ser parte de The Noise tomaron el nombre de Baby Rasta & Gringo. Han tenido múltiples guerras musicales y son reconocidos por sus tiraderas, pero también por su reggaetón romántico. Los álbumes Romances del Ruido 1 y 2 publicados en el 2000 y 2002 fueron revolucionarios en su momento porque el género estaba más enfocado en hablar de calle y sexo, y ellos no solamente cantaron sobre el amor, sino que pusieron a otros como Bebe, Don Chezina, Las Guanábanas, Rey Pirin, Alberto Stylee, Divino, Ivy Queen y muchos más a cantar alrededor de este tema con ellos.

Fotografía: © Robin Marchant / Getty Images.

MAICOL & MANUEL

Años activos
1994 a 2006.

Para conocerlos
Somos de calle. Playero 38, 1994.
Hoy me levanté ft. Lito & Polaco. Yakaleo, 2002.
Ya llegó la noche. Yakaleo, 2002.

También llamados
Los Reyes del Underground.

Empezaron como un trío con otro rapero que se hacía llamar Blanco, pero solo alcanzaron a hacer 4 canciones antes de que este se retirara y Maicol & Manuel se convirtieran en un dúo. Maicol tenía más afinidad con los sonidos jamaiquinos y Manuel con el rap; su estilo juntos representa los inicios del underground, al igual que sus letras. En una entrevista con Molusco, contaron que solían escribir en casa, "En la marquesina, en la puerta de la entrada con radio, walkman, CD *players*, y ponían pistas al azar" y lo que saliera en la improvisación era lo que escribían, cada uno con su *flow*. Buscaban complementar y ensamblar sus voces y estilos más que fundirlos en uno.

LAS GUANÁBANAS (GEORGIE Y JOELITO)

Años activos
1994 a 2006.

Para conocerlos
Malditas putas. The Noise 1, 1994.
Vamos pa' la disco. Guillaera, 2002.
Busco una mujer. Guillaera, 2002.

También llamados
Los Reyes de la Pichaera,
Las Guanábanas Podridas.

Las Guanábanas era el dúo de Joelito y Georgie, dos reggaetoneros de Villas de Loíza que tenían apenas 13 y 15 años cuando DJ Negro los lanzó en el primer *tape* de The Noise. Allí cantaron una canción que luego se conocería como *Malditas putas*:

> Chingan en los parties
> Chingan en los montes
> Chingan en tu carro
> y donde quiera que se monten

Esta canción había llegado a Joelito por un chico de su barrio que también cantaba; se iba a retirar y le habían quedado tres temas de sobra. Este dúo se conformó porque ambos integrantes iban al mismo colegio, donde terminaron también vendiendo los *tapes* de The Noise.

HÉCTOR & TITO

Años activos
1996 a 2005.

Para conocerlos
Felina. A La Reconquista, 2002.
Besos en la boca. A La Reconquista, 2002.
Si estoy fácil. Season Finale, 2005.

También llamados
Los Bambinos.

Además de pertenecer al dúo, Héctor El Father y Tito El Bambino tuvieron cada uno una carrera como solistas; en ellas exploraron más la habilidad y el carácter que traía cada uno al grupo: Héctor, más malianteo y rapidez, Tito, más romance y melodía. Las tiraderas en Héctor se daban fácil porque, además de tener guerras dentro y fuera de la música con artistas como Arcángel y Don Omar, fue cercano a la red de Ángelo Millones, un narcotraficante de la isla. La narración en las canciones de Héctor sobre armas, carros y *beef* no era una ficción. En 2008 dejó de grabar canciones seculares, quiso alejarse del mundo en el que estaba inmerso, y empezó a dedicar su tiempo y su voz a la religión cristiana, lo que de nuevo se notaría en su música en canciones como *Acuérdate de mí* (2018) y *El dios que cambia nombre* (2023), donde firma como Héctor Delgado.

Fotografías: © Ray Tamarra / Getty Images.

WISIN & YANDEL

Años activos
1998 a 2023 (con una pausa entre 2013 y 2018).

Para conocerlos
Pégate. De Nuevos a Viejos, 2001.
Mírala bien. Pa'l Mundo, 2005.
Sexy movimiento. Los Extraterrestres, 2007.

También llamados
Los Extraterrestres, Los Líderes, Los Vaqueros, El Dúo de la Historia, El Dúo Dinámico, La Gerencia, Los Campeones del Pueblo, Los Reyes del Nuevo Milenio.

Empezaron en 1998 adaptados al sonido del underground y participando en *mixtapes* de DJ como DJ Dickie y DJ Raymond. Entre 2007 y 2009, o sea, entre los álbumes Los Extraterrestres y La Revolución, adoptaron sonidos más electrónicos con Nesty, uno de los productores más recurrentes en la carrera del dúo. En el pódcast *Loud* cuentan que se aventuraron a experimentar con EDM, un poco menos de dembow y más *beats* que podían sonar en un club; comentan que al principio no fue del todo bien recibido, incluso Nicky Jam dice: "Se perdieron en el proceso. Eran demasiado futurísticos, los bajos, los *beats* eran demasiados". Sin embargo, ese sonido se acomodó y el dúo se sostuvo, en parte, gracias al gesto de cantarles a las mujeres de forma directa.

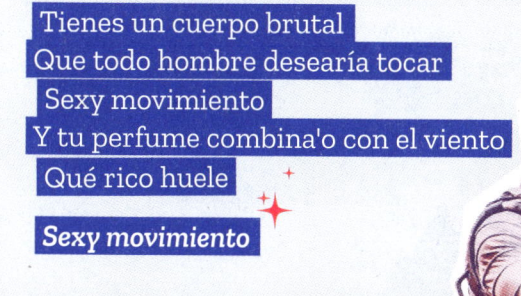

Tienes un cuerpo brutal
Que todo hombre desearía tocar
Sexy movimiento
Y tu perfume combina'o con el viento
Qué rico huele
Sexy movimiento

Fotografías: © Gerardo Mora / Getty Images.

MAGNATE & VALENTINO

Años activos
1998 a 2013 (con una pausa entre 2006 y 2008).

Para conocerlos
Anda. Rompiendo el Hielo, 2002.
Punto y coma. Sin Límite, 2004.
Ya lo sé. Sin Límite, 2004.

También llamados
Los Nenes.

Antes de que Glory hiciera los coros de algunos versos de *Gasolina* y *Dale Don Dale*, lo hizo en una canción de Magnate & Valentino con Héctor & Tito. *Gata celosa* es el quinto tema de Rompiendo el Hielo (2002), el primer álbum de estudio de este dúo. Aunque Valentino quería que lo produjera DJ Nelson, Héctor El Father tenía otra idea: había conocido a unos productores nuevos y quería darles un espacio: eran Luny Tunes y Noriega, un junte que en los años siguientes cambió las posibilidades musicales del género. Una segunda decisión hizo de este tema uno de los más escuchados del álbum y constituyó, dicen, una primera vez en el reggaetón: la voz de una mujer le responde a un artista dentro de la canción. Se crea una escena.

Valentino:
Y te pregunto, ¿si Valentino a ti te roza?

Glory:
Azótame

Valentino:
Toma, gata celosa

Fotografía: © Alexander Tamargo / Getty Images.

LITO & POLACO

Años activos
1998 a 2015 (con una pausa entre 2005 y 2014).

Para conocerlos
Quién mejor que yo. Masacrando MC's, 2000.
Maniática sexual. Sandunguero, 2001.
Ojos de diabla ft. Divino. Fuera de Serie, 2004.

También llamados
Los Reyes de la Tiradera.

Se les daba fácil el desprestigio: dedicarle un tema entero a un artista o a un grupo hasta lo que ellos creían que era la indefensión y probar que así se ganaba. Ya desde su primer álbum de estudio, Masacrando MC's, le tiraron a Tempo, Mexicano 777, DJ Playero, Baby Rasta & Gringo, MC Ceja, Vico C, Notty Boy, Don Chezina, Falo, DJ Eric, entre otros. A veces tiraban por diferencias complejas, pero muchas otras eran por cosas pequeñas sobre las que, al final, pedían disculpas: así pasó con Vico C. Polaco solía trabajar de barbero y motilaba a Vico; una vez lo escuchó en una entrevista desafiar la tiradera y hablar de ella como algo menor, se quedó más de un mes esperando que volviera a motilarse y reclamarle, pero no volvió, entonces le tiró en *Quién mejor que yo*:

En un vaso de agua tú te ahoga
Porque lo único que es positivo en ti
Es una prueba de drogas

Fotografía: © Alexander Tamargo / Getty Images.

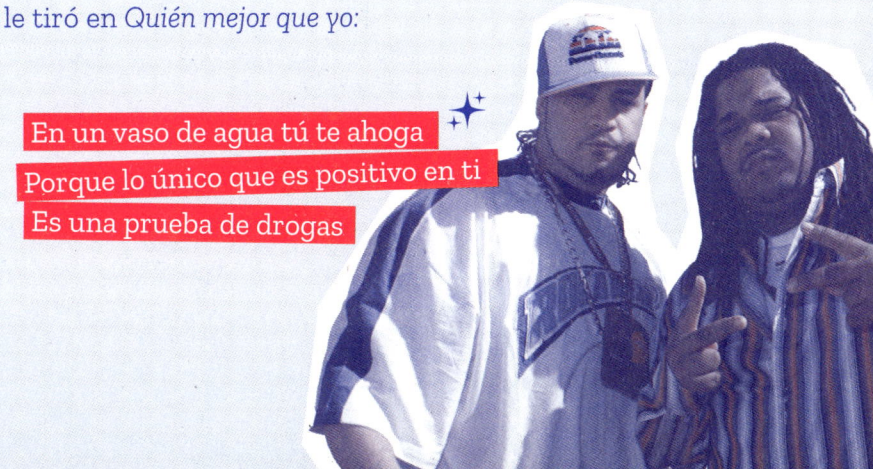

PLAN B (CHENCHO & MALDY)

Años activos
1999 a 2018.

Para conocerlos
Guatauba. Guatauba xXx, 2002.
Es un secreto. House of Pleasure, 2010.
Fanática sexual. Love & Sex, 2014.

También llamados
El Dúo Del Sex.

Maldy tenía un karaoke en la casa y así empezaron; con Chencho, que es su primo, se ponían a cantar hacia las ventanas simulando que ese era el público y que ellos estaban haciendo un gran *show*. Primero se llamaron The Panic, Plan B era solo el nombre de una canción producida por DJ Blass y lanzada en Reggaeton Sex Vol. II que contaba la historia de una mujer que los quería a ambos.

> Plan b, es plan b
> Maldy se la clava, y yo también
> La tipa es bien bellaca
> Y con los dos a la vez

Los empezaron a reconocer por ese tema y a llamarlos por el título y ellos lo acogieron. La primera canción que hicieron como Plan B fue *Orgasmo*, que salió en el disco Fatal Fantassy de DJ Joe.

Fotografía: © Johnny Louis / Getty Images.

JOWELL & RANDY

Años activos
2000 a

Para conocerlos
Let's Go to My Crib ft. Julio Voltio. Reggaeton Rulers Vol. I, 2006.
Vamo a Busal, 2014.
Hoy se chicha. Viva el Perreo, 2020.

También llamados
Los Más Sueltos.

Jowell era corista del artista Bebe y al final de un concierto de este se quedó en la tarima cantando algunas de sus canciones e invitó a Randy a que se subiera con él; apenas se conocían, pero a Jowell le gustaba la voz de Randy, y funcionó. La primera vez que grabaron juntos fue la canción *Todavía recuerdo* en el álbum The Majestic del productor Iván Joy, de 2002, pero para ambos *Let's Go to My Crib* fue el tema con el que se consolidaron como artistas y como dúo. Cuando llegó el trap a la isla, pensaron que eso sería todo porque el público estaba más pendiente del nuevo género y ellos estaban un poco cansados, pero decidieron sacar un tema más, un último intento antes de pensar en separarse.

En el estudio de Kapital Music en Colombia, con Ronald El Killa, hicieron *Bonita*, que resultó en un *featuring* con J Balvin que salió en el 2017, luego en un remix con Nicky Jam, Wisin & Yandel y Ozuna, y, para el dúo, la inauguración de otra etapa musical.

Fotografía: © Lisa Lake / Getty Images.

ZION & LENNOX

Años activos
2000 a 2024 (con una pausa entre 2006 y 2008).

Para conocerlos
Me pones en tensión. The Noise: Biografía, 2003.
Bandida. Motivando a la Yal, 2004.
Cuánto tengo que esperar. MVP 2: Grand Slam, 2005.

También llamados
La Z y la L, Los Verdaderos, Los Diamantes Negros.

Tal vez tienen las dos voces más reconocibles y complementarias del género. Empezaron a cantar un reggaetón más romántico por el que son reconocidos y que hacían sobre todo con Luny Tunes y Noriega. Este grupo de productores veía la melodía ya no como un accesorio dentro del rapeo, sino como el centro de la canción; la voz grave de Lennox y la voz algo más finita de Zion lograban acomodarse bien a ese estilo. Incluso en una entrevista publicada en *Billboard* cuentan que fue con *Me pones en tensión*, la primera canción que hicieron con Luny Tunes —que se filtró del estudio de DJ Nelson—, que su música se viralizó y así Zion & Lennox "explotaron".

Fotografía: © Jose Devillegas / Getty Images.

ÁNGEL & KHRIZ

Años activos
2000 a

Para conocerlos
Tú me pones mal. Más Flow, 2003.
Ven báilalo. Los MVP's, 2004.
Na de na. Showtime, 2008.

También llamados
Los Inseparables, Los Internacionales, Los MVP's.

Ven báilalo empezó siendo una canción de cuna que Ángel le cantaba a su bebé para que se durmiera; su esposa le dijo que se escuchaba bien y él salió en la madrugada para el estudio a grabarlo y sobre este coro fueron improvisando y componiendo el resto de la canción, que fue número 1 en varias emisoras latinoamericanas por tres semanas consecutivas. En una entrevista con Maiky Backstage, Ángel dijo que "el tema que le cambió el chip a la gente que no le gustaba el reggaetón, a las viejitas, a los papás que no dejaban escuchar reggaetón a los niños, fue *Ven báilalo*".

Fotografía: © John Parra / Getty Images.

NOVA & JORY

Años activos
2003 a 2013.

Para conocerlos
Bien loco, 2009.
Matador ft. Ñengo Flow, Julio Voltio, Alexis & Fido, Jowell. 2010.
Aprovecha ft. Daddy Yankee. Mucha Calidad, 2011.

También llamados
Nova La Amenaza y Jory Boy.

Jory y el productor Onyx salieron de Liquid, una discoteca de Puerto Rico, directo para el estudio. Estaban borrachos. Jory llegó a acostarse, pero Onyx empezó a trabajar con algunas melodías; hubo una que despertó a Jory y, entre chistes y todavía mareado, empezó a medio cantar: bien loco, bien loco, bien loco. Siguió tirando ideas. Al otro día grabaron la canción completa con Nova, y lo que iba a ser un tema más que contara un poco sobre la borrachera de anoche (literal), terminó siendo uno de los más escuchados del dúo en toda su historia.

En una esquina de la disco
La vi bailando sola en la pared
Y rápido dije, esa es la que es
Y hablando claro yo no fantasmié
Yo vine y me pegué

Estaba frontiando
Y con su mini mini mataba
Parece que eso a ella le gusta
Y eso se le ve

ALEXIS & FIDO

Años activos
2003 a

Para conocerlos
Eso ehh...!! The Pitbulls, 2005.
5 letras. Sobrenatural, 2007.
Mala conducta ft. Franco El Gorila. Perreología, 2011.

También llamados
La A y La F, Los Reyes del Perreo, El Dúo Sobrenatural, Los Pitbulls.

A la hora de componer, para Alexis & Fido era importante cierta correspondencia conceptual; es decir, que los sonidos usados en las canciones tuvieran sentido con la letra y que el tema que escogían se mantuviera por toda la canción. Por su génesis de raperos improvisando en un pedazo de una pista compartida, el reggaetón tiene un gran número de canciones que hablan de temas diversos, sin priorizar ninguno y sin necesidad de conectarlos. Las canciones de Alexis & Fido no suelen ser así y es una decisión consciente: si van a hablar sobre el motel, como lo hacen en *5 letras*, se mantienen en esa atmósfera; si van a usar el recurso del tiburón, intentan que las imágenes que da la canción pertenezcan al universo y el simbolismo de este animal, como lo hacen en *Tiburón*, lanzada en 2005 con Baby Ranks.

> Ah, llegó el tiburón con traje de Salina'
> Todas las sirena' finas me conocen por la orina
> Si se tira la Marina le saco mi carabina
> Estos peces de agua dulce que se peguen pa' la esquina

R.K.M & KEN-Y

Años activos
2003 a 2024 (con una pausa entre 2013 y 2017).

Para conocerlos
Dime qué será. R.K.M & Ken-Y *ft*. Cruzito. Masterpiece, 2005.
Llorarás. Masterpiece: Commemorative Edition, 2007.
Te regalo amores. The Royalty/La Realeza, 2008.

También llamados
El Dúo Romántico.

Cuando eran adolescentes, R.K.M & Ken-Y tenían un grupo de *breakdance* y solían colarse en las fiestas de quince años. En una de esas, R.K.M pidió un micrófono y empezó a improvisar; Ken-Y, que esta vez sí estaba invitado al evento, lo vio e hizo lo mismo. Ahí todavía no eran una agrupación. Pasaron algunos meses hasta que en una especie de audición le preguntaron a R.K.M con quién cantaba (para ese momento eran muy comunes los dúos) y él dijo que su dupla era Ken-Y, pero Ken-Y no sabía. Así nació este dúo que ha sido reconocido por sus voces suaves que interpretan sobre todo letras de amor; esto fue así desde su primer álbum de estudio, Masterpiece, publicado en 2006.

> Si la ves dile que aun la quiero,
> y que estoy desesperado porque
> vuelva junto a mí.
> Si la ves dile que no la he olvidado,
> no, y que lloro como un niño desde
> que se fue de aquí.
>
> *Si la ves* ft. Don Omar

YAGA & MACKIE

Años activos
2003 a
(con una pausa entre 2014 y 2020).

Para conocerlos
Si tú me calientas. Sonando Diferente, 2002.
Acechándote. Clase Aparte, 2004.
Nada va a pasar ft. Arcángel. Los Mackieavelikos 2055, 2008.

También llamados
Los Mackieavelikos.

Hay quienes dicen que la primera canción de trap en español fue *El pistolón*, que salió en el álbum La Reunión (2007) y tuvo tres versiones: inicialmente Yaga & Mackie *ft.* DJ Blass, luego un remix con Arcángel y más tarde se unieron De La Ghetto y Randy. En una entrevista con Chente Ydrach, Yaga contó: "Nosotros lo hicimos inconscientemente, estamos muy influenciados en Puerto Rico de la música *americana*, siempre he escuchado hip hop desde pequeño y cuando sale T. I. con Trap House [Trap Musik] ya estábamos familiarizados con la música del East Coast, el dirty south (...). Nos sentamos con Blass (...) y creamos algo diferente". Cuando salió, era un sonido fresco con un rapeo rápido que fue acogido en la calle con facilidad.

Fotografía: © Ray Tamarra / Getty Images.

ÑEJO & DÁLMATA

Años activos
2002 a 2021 (con una pausa entre 2013 y 2018).

Para conocerlos
No quiere novio ft. Tego Calderón. 2006.
Algo musical ft. Arcángel. Broke and Famous, 2007.
Sexo, sudor y calor ft. J Álvarez. Otro Nivel de Música, 2011.

También llamados
El Broko, El Broki (Ñejo), El Dalmation (Dálmata)

De los primeros artistas que se tomaron en serio a Colombia como un centro para el reggaetón fueron Ñejo y Dálmata. Primero pegó *Como toda una señora*, que cantaba solo Dálmata.

> Si tu hombre te dejó sola
> Tranquila, llegó tu hora
> Así que mueve esa cola
> Como toda una señora

Pero fue Broke and Famous (2007), un disco largo del dúo con sonidos diversos de reggaetón, bachata, salsa, merengue, hip hop, synth pop y ska, el que les permitió hacer una carrera en ese país. Las pistas tenían cierta sensación de futuro y eran casi todas de Tainy, Danny Fornaris y Nely. Las primeras veces que cantaron fueron en San Andrés y en Cali con Arcángel, y les sorprendió que las canciones que les pedían en ambas ciudades no eran las que cantaban en Puerto Rico. Esto era así aún con el hecho de que no sonaban en la radio: Ñejo & Dálmata pegaron por internet.

ARCÁNGEL & DE LA GHETTO

Años activos
2005 a 2007.

Para conocerlos
Ven pégate ft. Zion. Sangre Nueva, 2005.
Mi fanática. Mas flow: Los Benjamins, 2006.
Aparentemente ft. Yaga & Mackie. La Reunión, 2007.

También llamados
La Marash, La Maravilla (Arcángel), De La Geezy (De La Ghetto).

Arcángel

La primera voz que le gustó a Arcángel fue la de su mamá en la ducha: ella fue música e hizo parte de la agrupación dominicana de merengue Las Chicas del Can. El reggaetonero es, también, fanático del pop, sobre todo de Michael Jackson y Prince, pero se decidió por una carrera en un género que le ha permitido ser quien es, que para él es la intersección de haber crecido de Puerto Rico y Nueva York con una familia de ascendencia dominicana. Estar in-

La primera vez que De La Ghetto conoció a Arcángel fue en la placita de La Perla, y rápidamente se dieron cuenta de que tenían cosas en común: nacieron en Nueva York, se criaron en Puerto Rico, eran mitad dominicanos y querían lograrla en la música. Se fueron a escuchar un CD de Dr. Dre, The Chronic 2001. En una entrevista con Chente Ydrach, De La Ghetto contó que ahí, parchando y con ese sonido de fondo, les salió improvisando la canción *Traficando a mi manera*. A los meses, y ya siendo un dúo, fueron al estudio de Echo, productor y compositor puertorriqueño, y vieron a Tego Calderón, Ivy Queen, Mexicano 777, Wisin & Yandel y Ceja. Incluso, escucharon a Don Omar grabar *Salió el sol* (2006). Ahí supieron que lo habían logrado. El dúo apenas

merso en esos sonidos y la posibilidad de mutar de uno a otro ha definido su estilo versátil y electrónico, en el que puede hablar de amor y a la vez ser dueño de algunas de las tiraderas más escuchadas del género. En una entrevista con el periodista mexicano Héctor Elí, dijo que se entrenó para esas tiraderas desde siempre:

> " *De donde yo vengo, el bullying es como un deporte. (...) Nos hicimos muy buenos autobullyándonos a nosotros mismos para ya cuando venga el de afuera, no tiene nada nuevo que decirnos porque ya yo me lo he dicho todo".*

duró hasta el 2007, pero ambos han tenido carreras continuas y sostenidas de forma independiente.

Fotografía: © Lawrence Brown/MLB Photo / Getty Images.

Con los Luny Luny Tune Tunes

Están los dúos, y luego está Luny Tunes (a veces se escribe así: LUNYTUNES).

Francisco Saldaña, Luny, y Víctor Cabrera, Tunes, nacieron en República Dominicana. Se conocieron en Estados Unidos y juntos trabajaron en las cocinas de Harvard University. Luny era chef y Tunes lavaba platos. Por intermedio de Benny Blanco, un DJ del underground, conocieron a DJ Nelson, quien los contrató para grabar vocales y hacer *beats*, y así se establecieron en Puerto Rico. Desde que llegaron, trabajaron con los artistas más relevantes del género creando melodías, conceptos y a veces letras (esto lo hacía más Tunes) que eran novedosas e integraban géneros como bachata, salsa y algunos sonidos árabes.

En una entrevista con Chente Ydrach, Luny contó: "Escuchaba todas las canciones del underground y me las aprendía de memoria, desde el cantante más malo al más duro. Esa era mi misión: escuchar reggaetón, todo lo que salía. Playero, DJ Chiclin...". Además, les pagaba a otros productores para que le mostraran sus librerías y métodos de trabajo. Así aprendió.

Luny y Tunes, que en algún momento se llamaron Frankie Flex y DJ Slow,

> Con Luny Tun-Tun, el Abayarde le mete el sun-sun
>
> Pa' que en la disco muevan su pum-pum
>
> Al natural.
> El Abayarde, 2002

Al natural salió en 2002 en El Abayarde en una versión donde está solo Tego. Lo cierto es que ahí iba otra canción que para algunos se llama *Tocar su cuerpo* y para otros *Oh ah!*, que es un *featuring* con Yandel. El Abayarde fue pirateado antes de su lanzamiento junto con trabajos de otros artistas que creaban en la oficina de DJ Nelson, donde operaba Luny Tunes. Muchos artistas y actores del género hicieron responsables al dúo de productores de esta filtración, pero Tego los respaldó a través de una referencia a ellos en el coro del tema que salió en El Abayarde, y luego mencionándolos en los créditos al final de la versión de *Al natural* que hicieron con Yandel en El Enemy de los Guasíbiri en 2004.

Noriega

Norgie Noriega empezó a trabajar en Flow Music por gestión de Baby Rasta. Estuvo como productor solo en la primera versión de Mas Flow, pues luego sacó su propio álbum recopilatorio bajo el nombre de Contra la Corriente (2004). Además de producir, es el compositor de canciones como *Amor de colegio* de Héctor & Tito ft. Don Omar (2004) ♥ y *Por amar a ciegas* de Arcángel (2008).

respectivamente, trabajaron entre 2002 y 2004 en algunos de los álbumes más escuchados de la historia del género: El Abayarde de Tego Calderón (2002), A la Reconquista de Héctor & Tito (2002), Sonando Diferente de Yaga & Mackie (2002), The Last Don de Don Omar (2003), Barrio Fino de Daddy Yankee (2004), Motivando a la Yal de Zion & Lennox (2004). En medio de ese trabajo, hicieron su álbum debut en 2003 junto con otro productor, Noriega, que se llamó Mas Flow (sin tilde) y fue lanzado con el sello Flow Music de DJ Nelson.

La primera canción que se grabó de este álbum fue *Me pones en tensión* de Zion & Lennox. Luny vio un día a Zion en televisión, que para ese momento se hacía llamar Indio, le gustó su voz y lo contactó. Así fueron recopilando las canciones con cada uno de los artistas hasta completar 20, algunas consideradas por muchos como *clásicos del reggaetón*. El álbum tiene partes producidas también por Eliel, un DJ y arreglista del género que ha trabajado sobre todo con Don Omar, y por Héctor El Father, que en ese momento firmaba como Héctor El Bambino.

Mas Flow, como solía pasar con los álbumes recopilatorios de productores o DJ, se convirtió en una serie. El segundo contó con un aporte amplio del artista de ascendencia boricua y dominicana

> Así estaba escrito en el tracklist original del álbum.

Mas Flow Intro	Luny Tunes & Noriega	1:09
Cae la noche	Héctor & Tito	2:58
Aventura	Wisin & Llandel	2:50
Entre tú y yo	Don Omar	3:04
Métele sazón	Tego Calderón	4:02
(Cójela) que va sin jockey	Daddy Yankee	3:03
Hay algo en ti	Zion & Lennox ft. Tito El Bambino	3:52
Bailando provocas	Trebol Clan	2:22
Motivate al baile	Baby Ranks	3:23
Busco una mujer	Las Guanábanas	2:33
Bella dama	Yaga & Mackie	3:16
La gata suelta	Glory	2:53
Tú me pones mal	Ángel & Khriz	2:51
Si te preguntan	Nicky Jam	2:29
Tú anda sola	Jomar	2:21
Tú sabes	Plan B	3:07
Métele perro	K-Mil	1:53
Te quiero ver	Cidelis	2:45
Quisiera	John Erick	3:22
No seas niña	Angel Doze	2:43

Baby Ranks; en ese álbum aparecieron canciones como *Rakata* de Wisin & Yandel, *Mírame* de Daddy Yankee *ft*. Deevani, *Mayor que yo* de Baby Ranks, Tonny Tun-Tun, Wisin & Yandel, Daddy Yankee y Héctor El Father y *Déjala volar* de Tito El Bambino.

El tercero de la serie se llamó Mas Flow: Los Benjamins. Esta vez el nombre asociado no fue Noriega ni Baby Ranks, sino Tainy.

Capitaneando la nave, Tainy, el que a los 16 años anda en Mercedes, más na' te digo.

Permítame de Tony Dize *ft.* Yandel. La Melodía de la Calle, 2008

Tai

ny

Era un Mercedes C230 Kompressor que perteneció primero a Luny.

A los dieciséi' en Mercedes, a los treinta en Ferrari
Tainy creando himnos desde los dos mile'
Tenemo' más flow que antes y más Benjamines
Corriendo por las nubes pa' que los demás caminen, wow, wow, wow

To' los temas pegan como *jelly*
Clásico, Andrea Bocelli
Gracias, Luny Tunes, gracias, Nely,
Cambiamo' el juego, Stephen Curry

PASIEMPRE de Myke Towers, Jhayco, Omar Courtz, Arcángel, Arca y Bad Bunny.
DATA, 2023

Ella no es un ritmo de Tainy, por eso yo le meto a capela

Nely ←
el Arma Secreta
Es un productor boricua que empezó en la música tocando la batería en la iglesia y en el reggaetón en los estudios de Luny Tunes. Ha trabajado con artistas como Wisin & Yandel, Don Omar, Zion & Lennox, R. Kelly, Divino, Héctor El Father, Daddy Yankee, Snoop Dogg, entre otros.

Marcos Efraín Masís nació en 1989 en San Juan, Puerto Rico, pero su madre —María— es dominicana, y en ese entorno fue en el que se crio: una familia extendida y diversa que lo ponía a escuchar a Ricardo Montaner, Laura Pausini, Marco Antonio Solís, Antony Santos, Selena, Maná, Toño Rosario, Fernandito Villalona, merengue y bachata. Era, también, una familia cristiana: su mamá comenzó a ir con él a la iglesia cuando tenía más o menos ocho años y fue allí donde conoció a Nely el Arma Secreta, el hijo de la pastora, quien años después del primer encuentro lo llevó ante un par de productores que le cambiaron la vida para siempre.

Nely y su primo, Obed El Arquitecto, le enseñaron "qué es Fruity Loops, qué es crear, qué es un tempo, qué es el bajo, la percusión", cuenta Tainy en una entrevista con el periodista mexicano Héctor Elí. Cuando empezó a experimentar con *beats*, ya le llamaban la atención el rap de Vico C, Linkin Park, System of a Down, Limp Bizkit, Dr. Dre, Timbaland, The Neptunes, y lo que hacían DJ Blass, DJ Playero y Luny Tunes; incluso, uno de los discos que Tainy más ha escuchado de principio a fin y que le despertó la idea de crear algo similar fue Mas Flow. Lo que no sabía mientras lo repetía una y otra vez era que, unos meses después, estaría trabajando en la segunda entrega.

Más o menos a los 13 años, su mamá le regaló un computador y él se consiguió un CD quemado con la versión pirata de Fruity Loops; su intención era buscar un sonido en medio del espectro musical que frecuentaba: añadir a la percusión y al bajo del reggaetón otros sonidos y texturas inesperadas con fuertes exploraciones en el sintetizador. Su entrenamiento consistió en que cada domingo, después del culto de la iglesia, Tainy le mostraba un CD a Nely con la música que había hecho en la semana, ponían el disco en el carro y este le comentaba y le hacía sugerencias... Hasta que un domingo Nely no tuvo más comentarios y se llevó la pista. Al otro día lo llamó a decirle que fuera al estudio, que a Héctor El Father le había gustado lo que escuchó.

En una entrevista con Nicky Jam en *The Rockstar Show*, Tainy contó que llamó a Nely para acordar el encuentro, pero no le respondió, y aunque su pulsión natural hubiese sido la de esperar a que apareciera, él dependía de que su mamá lo llevara de Santurce, donde vivía, a Carolina, donde era el estudio. Algo le dijo que arrancara y así lo hizo. Tocó la puerta y quien abrió fue Luny. "Fue como ver un ángel, un dios", cuenta. Le pidió que se sentara en el computador y lo dejó solo para que probara que sí era capaz de hacer música. Él recreó lo que le había gustado a Nely y Luny se volvió loco. Tainy no tocaba

Naldo

Naldo es un productor y cantante que antes de entrar en el reggaetón tenía una banda de rock, Pique. Se interesó en el género cuando se dio cuenta de que los productores estaban mezclando de formas más limpias y arrancó a trabajar en los estudios de Luny Tunes. Es reconocido, entre otras cosas, por fundar el sello Sangre Nueva Music, que lanzó el álbum Sangre Nueva en 2004 con canciones como *Sácala* y *Déjale caer to' el peso* de Yomo y Héctor El Father producida por Naldo, Nely, Nesty y Tainy.

Nesty, La Mente Maestra

Tanta es la música que ha producido Nesty, La Mente Maestra, que constantemente le pasa que le dicen que produjo alguna canción y no se acuerda. Fue DJ de dancehall, maestro de Artes Visuales y rapero junto con su hermano hasta que empezó a producir en el estudio de Luny Tunes. Lo primero que hizo fue grabar ningún instrumento, pero a punta de oído había logrado impresionar a uno de los productores más relevantes del reggaetón para ese momento, quien le dijo ese mismo día que quería firmarlo.

La pista que le consiguió entrar al estudio de Luny Tunes se convirtió en la intro de Mas Flow 2. Después de eso, entre Naldo y Nely le dijeron que tenía que tener un nombre. "Yo les dejé eso a ellos, no me acuerdo a cuál de los dos se le ocurre *'like, bro*, son los Luny Tunes, tú eres la versión miniatura de esa gente, como los Tiny Toons'", que es una serie animada derivada de los Looney Tunes, producida por Warner Bros. Animation y Steven Spielberg. Lo escribieron como se pronuncia en español y así salió en 2005 en los créditos del álbum Pa'l Mundo de Wisin & Yandel, en el que apoyó la producción de varias canciones, y en el álbum Mas Flow: Los Benjamins, en 2006, en el que Luny y Tunes lo presentaron oficialmente como productor. A partir de ahí trabajó con Tego Calderón, Don Omar, Daddy Yankee, Ivy Queen, Héctor El Father, Tito El Bambino, Plan B, Ñejo & Dálmata, Yomo, Nicky Jam, De La Ghetto, Romeo Santos (y Aventura), Ricky Martin, Tony Dize y muchos, muchos más.

Uno de los artistas boricuas con los que más conexión musical ha tenido es

una canción de Plan B que no salió, y estuvo involucrado en temas como *Chulin culin chunfly* de Julio Voltio con Calle 13, y en diversas canciones de Wisin & Yandel, con quienes ha trabajado profusamente. También ha producido para Alexis & Fido, Nicky Jam, Rauw Alejandro, R.K.M & Ken-Y, 50 Cent, T-Pain, Bad Bunny, Bryant Myers y Jowell & Randy, entre otros.

Arcángel. Empezaron en la música casi al tiempo y desde el principio fue su fanático, como contó en una conversación en la Semana del Arte de Miami en 2023, "Todos estaban haciendo reggaetón, rap, pero él también tenía R&B, pop, para mí eso fue tan interesante, con él podía hacer ese tipo de sonidos". Con él podía explorar.

En 2012 se mudó a Miami buscando justamente explorar otras atmósferas y posibilidades. Desde allí fue viendo cómo el reggaetón se iba transformando y descentralizando y empezó a seguirle la pista a lo que estaba haciendo Sky Rompiendo, un productor que desde Colombia, y sobre todo con J Balvin, proponía un reggaetón con melodías depuradas, brillantes y contagiosas, y coros fáciles de recordar. Coincidieron en un estudio en Los Ángeles mientras Tainy estaba produciendo con Yandel y los colombianos estaban trabajando en el álbum Energía (2016). Conectaron al punto que en 2018 lo invitaron a ser uno de los productores principales de Vibras, el tercer álbum de estudio de J Balvin.

Un año después participó en *I Can't Get Enough* de Selena Gómez ft. J Balvin y Benny Blanco. A partir de ahí cambiaron dos cosas para Tainy: empezó a firmar algunas canciones, dejando claro que un productor es también un artista y que sin duda ya era dueño de su propio sonido, y se conectó aún más con la escena pop, lo que lo llevó a producir artistas como Justin Bieber, Shakira y Dua Lipa. Un año antes del lanzamiento de *I Can't Get Enough* ya había trabajado con la rapera Cardi B en *I Like It ft.* Bad Bunny y J Balvin, que solo en YouTube tiene más de 1.600 millones de reproducciones.

> " Bad Bunny para mí es uno de esos artistas que es como uno de esos cometas que pasan cada 100 años, estamos viviendo en la era donde nació Benito Martínez. Es la combinación de su talento, su delivery, su versatilidad, su atención a los detalles de cada cosa (...) querer ser él donde sea que se pare", dijo Tainy en la misma entrevista con Héctor Elí.

Desde 2018, cuando Bad Bunny lanzó su primer álbum de estudio, X 100pre, Tainy ha estado ahí, construyendo canción a canción. Hoy, son una de las duplas más eficientes y relevantes de la música latinoamericana.

DATA

Antes de querer ser productor musical, Tainy se veía como dibujante. Tanto que intentó inscribirse en una escuela de artes, pero no había cupos disponibles y se fue para una de teatro. Allí aprendió sobre las distintas formas del arte y la creatividad, y esa amplitud lo ha acompañado. Por eso, cuando en 2023 lanzó DATA, su álbum debut, no era solo un disco con *tracks*. En cambio, contó una historia. Esto escribió en su Instagram:

> "En nuestro mundo la interacción humana está desapareciendo. Las conexiones orgánicas, la naturaleza y nuestra forma de comunicarnos.
>
> Con la tecnología a mi alcance, he decidido crear una androide llamada Sena. Pienso darle vida a través de canciones encriptadas a manera de DATA.
>
> Como humanos la música nos transmite emociones y nos lleva a momentos de vida que quedan almacenados en nuestra memoria para siempre.
>
> Quizás estas canciones le den a Sena suficientes emociones para acceder dentro de su memoria y pueda sentirse viva.
>
> Finalmente Sena está despierta. Me recuerda el mundo en el que alguna vez vivimos".

Stillz

Se sabe poco de Matías Vásquez o Stillz y ni siquiera es posible encontrar una foto donde se vea su cara completa, pero su influencia cinematográfica y del arte pop le han permitido crear con algunos de los artistas más relevantes de su época y proponer historias complejas con referentes poco comunes en el ecosistema del reggaetón. Trabaja bajo la productora We Own The City y ha sido el director de algunos de los

Sena había aparecido por primera vez en el universo sonoro y estético de Tainy en 2021, en la canción *Lo siento BB:/*, producida por él e interpretada por la cantante mexicana Julieta Venegas y Bad Bunny. El video, hecho ese mismo año por el director creativo Stillz, ya mostraba a Tainy rodeado de monitores y otros equipos con una chaqueta que decía DATA, aparentemente pasándole información a una robot de pelo rosa a través de cables conectados a su cabeza. Fue justo una imagen así la que terminó siendo la carátula de su disco, que tuvo en la dirección de arte al canadiense Elliott Muscat y en la ilustración de la portada a Hiromasa Ogura, el

videos más sugestivos de artistas como Rosalía, Tainy, Lil Nas X, Omar Apollo, Latin Mafia y Coldplay.

Nació en Colombia, pero se crio en Miami y empezó tomando fotos a sus amigos *skaters*; se mudó a Nueva York para buscar una carrera dentro de la fotografía artística y allí hizo un par de videos musicales antes de ser escogido para ser el fotógrafo de la gira X 100pre de Bad Bunny. En una entrevista que le hizo el creador de contenido Felipe Muñoz, Stillz contó que ni sabía quién era Bad Bunny cuando lo contrataron, pero al poco tiempo dirigió el video de *VETE* del álbum YHLQMDLG y, a partir de ahí, han colaborado en distintos proyectos.

director de arte de la película *Ghost in the Shell*, una de las favoritas de Tainy. Para él era importante la presencia del anime, pues es fanático de este estilo y de Japón y quería que este disco fuera una síntesis de sus ideas.

Aunque los álbumes recopilatorios, en los que lo único que hay en común entre las canciones es el productor, habían sido tan comunes en los inicios del reggaetón, este formato había perdido cierta fuerza ante los álbumes de artista y la escena pop. Por eso, cuando Tainy lanzó DATA fue una rareza. Las canciones de este álbum son un homenaje a su historia, un despliegue de su sonido en ese presente y una ventana a su visión sobre el futuro. Lo hizo a través de sonidos de reggaetón, trap, R&B, drum and bass, rap, electrónica, synth pop, y trabajando con artistas de los cuales es fanático:

Fotografía: © Greg Doherty / Getty Images.

Artistas con los que empezó en la música o recuerdan el sonido de inicios de los 2000:
Chencho Corleone
Jowell & Randy
Wisin & Yandel
Daddy Yankee
Zion

Artistas contemporáneos a él o que le ayudaron a conseguir y moldear su sonido personal:
Bad Bunny
Álvaro Díaz
Arcángel
J Balvin
Kris Floyd
Ozuna
Sech
Myke Towers
Rauw Alejandro
Xantos
Feid
Jhayco

Artistas con los que trabajó por primera vez o que parecen marcar el futuro:
Omar Courtz
Judeline
Arca
Young Miko
The Marías
Mora

Artistas de otros géneros que puso a pensar en reggaetón:
Skrillex
Kany García
Four Tet
E.VAX
Julieta Venegas

Tainy es un puente. No solo colaboró con todos estos artistas —con los que podría trazarse una historia del reggaetón— y mostró así su versatilidad, sino que otros productores como Richie López, Albert Hype, Jota Rosa, Peter Marshall, Tomoko Ida y su hermano Mvsis, pudieron intervenir en las pistas. Además, el trabajo creativo asociado al disco lo hizo con su equipo de NEON 16, un sello discográfico que fundó con el inversionista y productor colombiano Lex Borrero.

Playlist
Tainy

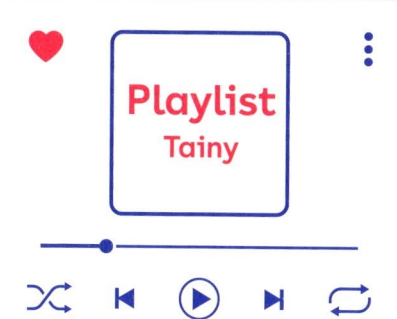

1. *El teléfono* por Héctor El Father *ft*. Wisin & Yandel. Los Vaqueros y Los Rompe Discotekas, 2006.
2. *Noche de entierro* por Wisin & Yandel, Daddy Yankee, Héctor el Father, Zion y Tony Tun Tun. Más Flow: Los Benjamins, 2006.
3. *Welcome To My Crib* por Randy. Los Benjamins: La Continuación, 2007.
4. *Un call* por Ñejo & Dálmata. Broke & Famous, 2007.
5. *Pa' que la pases bien* por Arcángel. El Fenómeno. 2008.
6. *La player (bandolera)* por Zion & Lennox. 2018.
7. *Callaíta* por Bad Bunny. Un Verano Sin Ti, 2019.
8. *TKN* por Rosalía *ft*. Travis Scott. 2020.
9. *Llori pari* por Álvaro Díaz *ft*. Feid. Felicilandia, 2021.
10. *Colmillo* por J Balvin, Young Miko y Jowell & Randy. DATA, 2023.

Sky, ponla lenta

Alejandro Ramírez, conocido por su nombre de productor, Sky Rompiendo, tenía diez años cuando empezó a sonar reggaetón en Colombia.

La historia que más se cuenta dice que fue en 2002, en Rumba 106.9 FM, una emisora de Medellín, que sonó la primera canción del género: *El latigazo* de Daddy Yankee. DJ Semáforo y el Gurú del Sabor, los locutores, la reprodujeron de un CD pirata comprado en la calle Junín en pleno centro de la ciudad. La acogida fue tal que un año después, en esa emisora, solo sonaba reggaetón, y Medellín, una ciudad que sintetiza y monetiza lo que llega, inauguraba una industria.

Alejandro Cardona, DJ de reggaetón y electrónica y uno de los dueños de la discoteca Perro Negro, una de las más importantes del género, cuenta que Medellín suele hacer eso:

> *Medellín no tiene música autóctona, pero llegó la salsa y se pegó, llegó el punk y se pegó, llegó la cumbia y se pegó, llegó el rock y se pegó. Y no solo se pega, sino que de alguna manera nos apropiamos de él. Yo creo que es porque es una ciudad con una gran capacidad de reproducir música. Hay muchos bares, cantinas y tiendas a los que se va a escuchar música, en las casas ponen el equipo desde muy temprano... En fin, la gente es muy melómana. También pasa que solemos montar industria muy fácil".*

El papá de Sky, por ejemplo, coleccionaba casetes de salsa, tenía un primo vocalista de una banda de rock, en las fiestas familiares siempre había mucha música y solía llevar los CD a los parches

Fotografía: © Alexander Tamargo / Getty Images.

que hacía con sus amigos. Cuando conoció el Fruity Loops, a los doce años, se le ocurrió que podía crear música y no solo escucharla. Estudió un tiempo corto en una escuela de garaje con DJ de electrónica, pero su interés iba hacia el rap, y cuando empezaron a sonar El Chombo con Los Cuentos de la Cripta, La Factoría y otros panameños, y luego con la atomización del reggaetón en la ciudad, se decantó hacia ese género.

> *Siempre que trataba de hacer reggaetón me iba remal, porque los sonidos no los teníamos; teníamos una falta de materia prima porque no había gente que nos diera las librerías de reggaetón, entonces lo que podíamos hacer era bajárnoslas de internet y eran librerías normales, el sonido no lo podíamos encontrar. Empezamos a hacer reggaetón con elementos de rap y de dancehall porque era lo que teníamos"*, contó en una entrevista con Héctor Elí.

Yandar & Yostin
Son un dúo de reggaetón de Medellín. En 2012 lanzaron *Te pintaron pajaritos* con Andy Rivera, un cantante pereirano, y le sacaron un video musical que ayudó a convertir esta canción en unas de las más escuchadas en Latinoamérica y España. Solo un año después de su lanzamiento alcanzó 100 millones de reproducciones en YouTube, una cifra poco común en la época.

Aún con esa limitante, en 2011 hizo su primer *hit: Cripi cripi* del dúo paisa Yandar & Yostin.

En ese momento, los *hits* se hacían sobre todo en foros y en Messenger. Daniel Taborda, conocido en su momento como El Narko de la Red, trabajaba como moderador para www.forosmedellin.com "Yo montaba la música con permiso de los artistas, la divulgaba en diferentes foros e incluso creaba perfiles que se dedicaban exclusivamente a una agrupación o un solista, como Reykon, Yandar & Yostin, Andy Rivera...'", así se difundía.

* Este testimonio pertenece al artículo "La máquina paisa de hacer reggaetón", que escribí para la revista *DONJUAN* en 2018.

Reykon
Nació en Envigado, Antioquia, y su apodo es El Líder. Primero hizo parte del dúo Mike & Musik (su apodo era Mike Cortez), pero en 2008 empezó su carrera como solista. Hizo parte de La Universidad de la Calle, una especie de colectivo en el que estaban también Musik Man, DJ Pope, Golpe a Golpe, El Tigre y J Balvin. Con este último hizo *Se aloca* en 2010; ese mismo año se convirtió en el primer colombiano en colaborar con Daddy Yankee en un remix de *Señorita*, una de sus canciones más conocidas.

DJ Pope
DJ Pope es el DJ y el socio de J Balvin desde que este inició como cantante de reggaetón. Cuando se conocieron, Pope trabajaba también como DJ para tres pesos, que, según un artículo publicado por la periodista Sara Kapkin en *El Colombiano*, fue la primera agrupación colombiana de reggaetón en sonar en radio, firmar con una disquera y ganar plata con eso. Lo hicieron posible con canciones como *Candela* y *Sin ti*.

Acceder a estos portales era la manera de mantenerse actualizado, porque por mucho tiempo, para un reggaetonero de Medellín, no era fácil sonar en la radio, pues los locutores y seleccionadores de música solían pensar que era un género que solo podían hacer boricuas.

Otro modo de difusión fueron los conciertos en los descansos o eventos de colegios de Medellín y municipios aledaños. "Yo creo que nos hicimos por ahí doscientos colegios, hacíamos en la semana por ahí dos o tres colegios, así fue que nos dimos a conocer", cuenta Reykon en el pódcast *Loud*. Fue justo en este tipo de eventos que Sky, en una época en la que fue DJ de Shako (el corista era Feid), conoció a J Balvin. Una de las primeras canciones que hicieron juntos fue *En lo oscuro* (2012), y siguieron trabajando en equipo con Bull Nene, que es compositor, Mosty, que es ingeniero de sonido, y DJ Pope, quien fundó con Sky el estudio Infinity Music. Allí también trabajó Feid, a quien conoció a los 14 años y en cuyo proyecto musical también ha estado involucrado, al punto de lanzar juntos un EP en 2024 llamado Los 9 de Ferxxo y Sky Rompiendo.

Tal vez uno de los álbumes en el que más se puede percibir la visión de Sky como productor es en *Vibras*, de J Balvin. Trajo a Tainy como productor, a Rosalía como artista y a Jhayco como compositor a colaborar en el álbum, y propuso sonidos que ubicaban el reggaetón en un espectro global: "Vibras tenía sonidos que no sonaban tanto a reggaetón, te dejaban a ti ser de Londres, darle *play* al álbum y sentirte cómodo escuchando. El reggaetonero lo escuchaba todo y el que era *indie* también lo escuchaba todo porque era el equilibrio perfecto", contó en la misma entrevista con Héctor Elí.

En 2003 se creó en Medellín Fusión Perreo, una agrupación de cantautores de Chocó, un departamento de Colombia que limita con el océano Pacífico. Ellos fueron parte de los pioneros en el uso del dembow en ese país y fueron reconocidos por canciones como *Cantinero* y *Chica 10*, ambas lanzadas en 2005. Según contaron sus integrantes en una Antología de Reggaetón del Club Perro Negro, se dieron cuenta de que esta última canción estaba pegada porque la escucharon a todo volumen en un carro y la vieron en los CD pirata de recopilaciones de reggaetón con el crédito atribuido a Daddy Yankee.

Y ven baila al revés
Muévete y disfruta este reggaetón sex
Quítate la ropa, házmelo otra vez
Sé que eres preciosa,
eres la chica 10, la chica 10

En una entrevista con Dímelo King, Sky contó que esta canción inicialmente era para Feid (en su voz se llamó *Puedo ser*), tanto que hicieron un video en la estación de trenes de Bello (un municipio aledaño a Medellín y un lugar común de producciones locales) y alcanzaron a quemar CD con ese sencillo, que eran rojos. Según contó Feid en la misma entrevista, estos discos aún estaban en la casa de sus papás, pues Reykon escuchó la canción antes de salir y la quiso para él. En ese momento era uno de los artistas más relevantes del género en la ciudad, entonces decidieron dársela porque pensaron que esto les daría la oportunidad de hacer un *featuring* en el futuro.

Playlist
Sky

1. *Secretos* por Reykon. 2014.
2. *Amor de verano* por Shako El Sh. El Maniako, 2010.
3. *Brillo* por J Balvin *ft*. Rosalía. Vibras, 2018.
4. *Rookie* por Leebrian. 2018.
5. *Pineapple* por Karol G. Ocean, 2019.
6. *Volando (Remix)* por Mora *ft*. Bad Bunny y Sech. 2021.
7. *El cielo* por Feid *ft*. Myke Towers. 2023.
8. *CHORRITO PA' LAS ÁNIMAS* por Feid. Sixto, 2022.
9. *Hey Mor* por Ozuna *ft*. Feid. Ozutochi, 2022.
10. *Uno de eses gatos* por Sen Senra. PO2054AZ (Vol. I), 2023.

J Balvin, man

La primera vez que J Balvin escuchó reggaetón estaba en una gasolinería. Un amigo le mostró un disco que tenía algunos de los artistas de inicios del underground, como Las Guanábanas, Getto & Gastam, Karel & Voltio, pero como ha dicho en múltiples entrevistas, y como dejó claro en su canción *Reggaetón* (2018), el artista con el que pensó que tal vez este género era también un lugar para él fue Daddy Yankee.

> Ya tú sabes quiénes son
> Me resalto del montón
> Dios bendiga el reggaetón, amén
> Hasta abajo, así soy yo
> **Yankee pa' esta me inspiró**
> Bajo fuerte como ron
> Falda con mi pantalón, bailando reggaetón

Golpe a Golpe
Cuando La Palma empezó, Pequeño Juan tenía 19 años, y Mr. Deck, 16. Ellos son los integrantes del dúo Golpe a Golpe, uno de los primeros en hacer reggaetón en Medellín. Antes de incluir el dembow en su repertorio y de sacar canciones como *Estar enamorado* (2010), *Juego de niños* (2010) y *Cajita de recuerdos* (2012), habían hecho rap en agrupaciones como La Casa Negra y Selecto Dialecto.

Uno de los primeros lugares donde grabó J Balvin fue en La Palma, un estudio en Robledo, una comuna de Medellín, donde también grabaron otras agrupaciones y solistas que, en su mayoría, primero se interesaron en el rap, pero luego le apostaron a ese sonido que venía de Puerto Rico, como Golpe a Golpe, Árabe & Tiam, El Tigre y Reykon. En una entrevista con *El Colombiano*, J Balvin contó que grababan "solo con la intención de pasarla bien y de mostrarle a mi mamá, mi papá, mi hermana y mis mejores amigos".

La canción que hizo global a J Balvin —y con eso el sonido de Sky y de Medellín, que suele ser más depurado que el boricua— fue *Ginza*. Antes de lanzarla, en 2015, Balvin subió a sus redes un video cantando un fragmento con el filtro de Instagram llamado Ginza referenciado y sus seguidores empezaron a decirle así al tema.

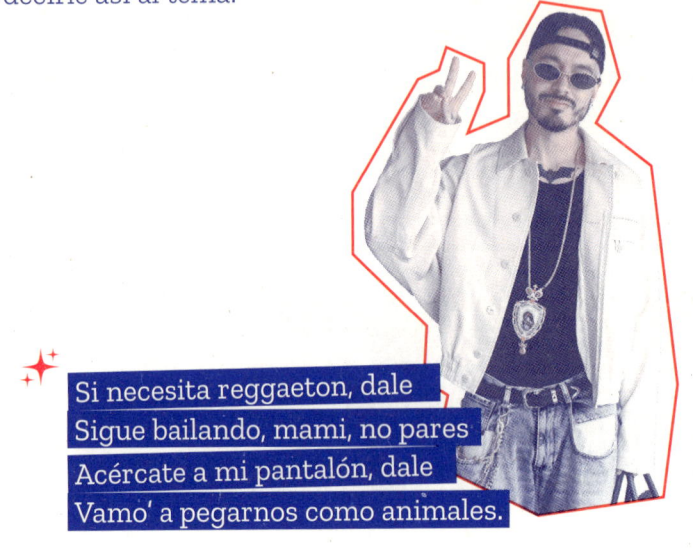

> Si necesita reggaeton, dale
> Sigue bailando, mami, no pares
> Acércate a mi pantalón, dale
> Vamo' a pegarnos como animales.

Este fue el primer sencillo del álbum Energía, publicado en 2016, y fue tan escuchado que llegó a las listas y ganó discos de Diamante y Platino en Bélgica, Eslovaquia, España, Estados Unidos, Francia, Hungría, Italia, México, Países Bajos, Polonia, República Dominicana, Rumania, Suecia, Suiza, Venezuela, Perú, Chile, Brasil, Argentina y, por supuesto, Colombia. Además, entró a los Récord Guinness como la canción de un solista que ha durado más tiempo en el primer lugar de la lista Billboard Hot Latin Songs: 22 semanas consecutivas. En 2025, tiene más de 800 millones de reproducciones en YouTube.

Con J Balvin, el reggaetón fue acercándose cada vez más a la esfera del pop. Su equipo y él tenían esa intención: "Queríamos aportar un sonido diferente, apuntarles a unos Grammy con un sonido mucho más internacional y que las líricas

Fotografía: © Denise Truscello / Getty Images.

tuvieran un consumo más global. Que el papá pusiera la canción y también la abuelita y la tía", cuenta DJ Pope*. Aunque las canciones de J Balvin también hablaban de sexo y calle, el lenguaje suavizado y su enunciación un tanto más clara las ubicó en entornos *mainstream*. No por nada en 2019 se convirtió en el primer reggaetonero en presentarse en Coachella.

Fueron también J Balvin y los productores, compositores y artistas que emergieron con él quienes posibilitaron que otros artistas de ascendencias distintas a la puertorriqueña pensaran que en el reggaetón como un lugar para ellos. En el pódcast *Loud*, el panameño Sech dijo: "A mí me dio ese empujón, como que estaba viendo que sí se podía, tú sabes. Si ellos pudieron hacerlo, tú también puedes. Yo creo que le dieron otro ambiente a la música, bro".

---

*Este testimonio pertenece al artículo "La máquina paisa de hacer reggaetón", que escribí para la revista *DONJUAN* en 2018.

Sech

Sech es un compositor, productor y artista que nació en Río Abajo, Panamá. Una de las primeras canciones que se conocieron de él fue *Miss Lonely*, que sacó en 2017. Aunque tiene colaboraciones con artistas como Daddy Yankee, Wisin & Yandel y Bad Bunny, tal vez su junte más prolífico es el que tuvo con Dalex, Justin Quiles, Lenny Tavárez y Feid. Estos reggaetoneros se unieron para crear el álbum The Academy, en 2019, con Dímelo Flow como productor principal. El concepto fue inspirado en The Avengers (Los Vengadores), un grupo de superhéroes de Marvel creado por Stan Lee y Jack Kirby; allí salieron temas como *Quizás*, *Porno*, *Uniforme* y *Feel Me*, y colaboraciones con otros artistas como Cazzu, Wisin, De La Ghetto, Mariah Angeliq y Zion & Lennox. Una segunda entrega de este álbum fue lanzada en 2024, sin Feid, pero con la colaboración de Arcángel, Bryant Myers, Dei V, De La Ghetto, Eladio Carrión, iZaak, Jay Wheeler, María Becerra, Myke Towers, Natti Natasha, Omar Courtz, Randy, Ryan Castro, Yandel y Zion.

Playlist
J Balvin

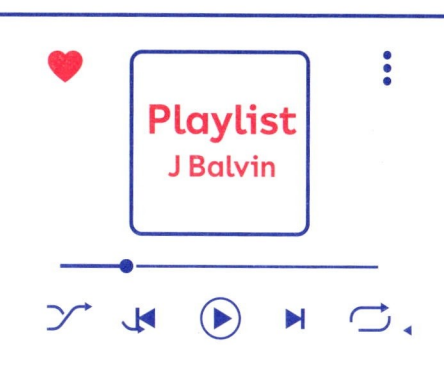

1. *Tranquila*. La Familia, 2012.
2. *Sigo extrañándote*. Energía, 2016.
3. *Safari ft*. Pharrell Williams, BIA, Sky. Energía, 2016.
4. *Ambiente*. Vibras, 2018.
5. *X ft*. Nicky Jam. 2019.
6. *Mojaita ft*. Bad Bunny. Oasis, 2019.
7. *Blanco*. Colores, 2020.
8. *Un día (One Day) ft*. Bad Bunny, Tainy y Dualipa. Jose, 2021.
9. *Doblexxó ft*. Feid. Rayo, 2024.

Tranquila
Al final de esta canción, durante la parte de los créditos, J Balvin repite seis veces la expresión mode up, nombra la isla de San Andrés y a Mr. Pomps. El mode up es un género musical que nació en esta isla colombiana, en parte como una respuesta a la présencia del sonido del reggaetón y el dancehall. Lo construyeron gestores y productores como DJ Buxxi, Mr. Pomps y Shugu y, en distintas medidas, artistas como Juancho Style (*Me falla*, 2004), Jiggy Drama (*Contra la pared*, 2010), Rayo & Toby (*Movimiento de caderas*, 2011). Mr. Pomps también participó en la producción de Amor de dos (2013) de Karol G *ft*. Nicky Jam.

Nicky Nicky Nicky Jam

Nicky Jam fue uno de los boricuas que entendió primero que el reggaetón de Medellín podía habitar otros temas y esto se debía, en parte, a su ecosistema musical: "No estaba intentando hacer música para Puerto Rico, sino para Colombia (...) El vallenato me dio una forma de escribir, por la manera en la que la música se escribe; dice ¿qué hice mal?, no te respeté como mujer...", dijo en el pódcast *Loud*. A finales de la primera década de los 2000, este artista llegó a Medellín buscando otros públicos para su música y, al tiempo, desintoxicarse tras un uso prolongado de sustancias psicoactivas.

Otros artistas puertorriqueños como Yaga, Ñejo & Dálmata y Alberto Stylee habían optado por viajar a Colombia y establecerse allí, pues entre los shows de discotecas, fiestas de quince años y otro tipo de contrataciones, solían recaudar más que en Puerto Rico. Con el vallenato ya integrado, Nicky Jam compuso canciones como *Piensas en mí* (2011), *Voy a beber* (2013) y *Travesuras* (2014). También se encontró con Juan Diego Medina, un vendedor que empezó organizando eventos para Alberto Stylee, ascendió a ser su mánager y luego acompañaría a Nicky Jam a la segunda vida de su carrera, que primero tuvo sede en Medellín y luego en Miami.

Juan Diego, tras empezar a trabajar con Nicky Jam, fundó La Industria Inc., un sello que firmó a artistas de otras ciudades colombianas distintas a Medellín y casi todos con algún vínculo con el reggaetón, como Manuel Turizo, un cantante de Montería, Córdoba, que pegó por primera vez con la canción *Una lady como tú* (2016); Kapo, que se crio en Cali, Valle del Cauca, y hace reggaetón y afrobeat; Nath, de Itagüí, Antioquia, que ha colaborado con Ryan Castro y Piso 21; y Luis Alfonso, un cantante y compositor de música popular y ranchera de Popayán, Cauca.

Pretty Boy, Dirty Boy

Los artistas como Nicky Jam podían llegar a Medellín y tener allí una industria que los respaldara porque había fanáticos. En 2003, en el Estadio Atanasio Girardot tuvo lugar un concierto que advirtió el impacto que tendría este género en la ciudad. Se llamó Los Boosters del Reggaetón y el cartel incluyó a Tego Calderón, Ivy Queen, Daddy Yankee, Héctor & Tito y Don Omar y asistieron 53.000 personas; una de esas era un niño de nueve años que, influenciado por su hermana, estaba obsesionado con el reggaetón: era Juan Luis Londoño, luego conocido como Maluma.

En una entrevista con Valen-TASH, el pódcaster Mario VI, que para la época trabajaba con Don Omar, contó que desde la llegada al aeropuerto había fanáticos con gritos y pancartas, que Daddy Yankee trajo a Divino para su show, que Don Omar abrió y cerró con *Dale Don Dale* y que salieron en el periódico. El reggaetón era noticia: "Fue la primera vez que vimos un público así, pensábamos que éramos Menudo".

Ver en vivo a estos artistas lo cambió todo para Juan Luis.

> "Yo estuve ahí abajo y los vi a todos cantando, yo no sé, me conmoví, me emocioné mucho y yo no podía creer que, del discman, los estaba viendo en el escenario. Me confundí, inclusive, porque mi sueño fue ser futbolista y de ocho años ya jugaba fútbol, pero luego cuando vi a estos gigantes de la música en el escenario, me trasmitieron algo que yo dije como que no, de pronto podría hacerlo también, quisiera estar en el lugar de ellos", contó en el pódcast Loud.

Fotografía: © Mike Coppola/MG25 / Getty Images.

The Rudeboyz

Conformado por Kevin ADG & Chan El Genio, este dúo empezó su carrera con Reykon; Chan produjo *Señorita*, uno de los temas más escuchados del artista. Desde el día uno han sido los productores principales de Maluma, pero también han trabajado con Feid, Myke Towers, Blessd, Arcángel, Sech, Eladio Carrión y Jowell & Randy, entre otros. Gran parte de su trabajo lo han hecho en su estudio en Envigado, Antioquia.

Guaracha

"Guaracha, zapateo, aleteo, chancleteo, pandereteo y hasta narco beat le dicen popularmente al baile y al género que se escucha y se baila en muchísimas fiestas alrededor de todo el país, sobre todo a la hora de rematar y más si es en tierra caliente", escribió Nathalia Guerrero, una periodista musical colombiana, que en 2016 perfiló para *Vice* este género musical, una especie de tribal house que tiene un público amplio, sobre todo en Colombia.

La primera canción que grabó fue *Pierde el control*, en 2010, y ya contaba con la participación del dúo de productores The Rudeboyz y el compositor y productor Cheztom, quienes han continuado vinculados a su carrera.

> Ven y pierde el control
> Tú y yo
> No perdamos tiempo, vive el momento
> Sin prisa, suave suave, sin prisa
> Quiero besarte hasta que se empañe el parabrisa
> Puf, abracadabra se va tu camisa
> Recorrerte lento y suave como la brisa

Algunas de las colaboraciones que ha hecho con otros artistas han sido relevantes y simbólicas: trazan la inmersión del reggaetón en la esfera pop. En 2016 sacó *Chantaje* con Shakira, y *No se me quita*, con Ricky Martin; en 2019 lanzó *Medellín* con Madona, y en 2020 lanzó la canción *FEEL THE BEAT* con Black Eyed Peas y varias con Jennifer López, como *Pa' ti* y *Lonely*, que fueron parte de la banda sonora de la película *Marry me*. Es un artista móvil entre el dembow y otros sonidos; ha hecho corridos, guaracha y salsa, y cuando el trap ganó más terreno en el *mainstream* latino, él sacó *Cuatro babys*.

Playlist
Maluma

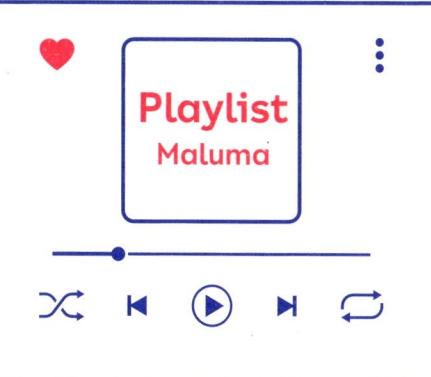

1. *Miss Independent*. Magia, 2012.
2. *Carnaval*. Pretty Boy, Dirty Boy, 2015.
3. *Borró Cassette*. La Familia, 2012.
4. *Bella ft*. Wolfine. 2018.
5. 11 PM. 11:11, 2019.
6. *Créeme ft*. Karol G. Ocean, 2019.
7. *Según quién ft*. Carin León. Don Juan, 2023.
8. *Oe Bebé ft*. Blessd. 1 Of 1, 2024.

Wolfine
Empezó en una agrupación de rap llamada RH-Klandestino, pero se interesó rápido por el reggaetón. Colaboró con Reychesta, Nicky Jam, J Álvarez y Ñejo; con este último hizo en 2012 el remix de *Escápate conmigo*, una sus canciones más escuchadas. Ese tema fue incluido en el EP Súper Hits, que lanzó en 2019, en el que también estaban el remix y la versión original de *Bella, Le pido a dios, Princesa* y *Amor de mentiras*.

Blessd, El Bendito

En 2024, Maluma y Blessd lanzaron el primer EP colaborativo hecho por dos reggaetoneros colombianos (ambos de Medellín). Antes de este EP ya habían lanzado en 2021 *Imposible (Remix)*, una canción construida por el dúo de productores paisas The Prodigiez y una de las más escuchadas de Blessd. Ese mismo año lanzó su primer álbum Hecho en Medellín, donde está QUIEN TV, una de las tantas colaboraciones que tiene con Ryan Castro, con quien también hizo la gira ¡Ay Bendito Ghetto! en 2024 y 2025. Su álbum TRINIDAD BENDITA, lanzado en 2025, tiene un sonido más oscuro y cercano al trap, en parte por colaboraciones con artistas como Noriel, Brytiago, Hades 66, Dei V, Kris R, Blackinny y Young Fatty.

Trap latino

El trap es un subgénero del rap que surgió a inicios de los 90. Es un sonido oscuro proveniente de sintetizadores que, a través de procesadores de voz (como Auto-Tune) habla, sin eufemismos ni sutilezas, de calle, drogas, violencia y sexo. La llegada de este género a Latinoamérica hizo que fuera cantado en español y mezclado con sonidos de la región; a eso se le conoce como trap latino.

Ella quiere trap de Bryant Myers

Cuatro babys es una colaboración de Maluma con Noriel, Bryant Myers y Juhn e hizo parte de Trap Capos: Season 1, el primer disco de Noriel que salió en 2016, el mismo año que la primera versión de *Diles*, de Bad Bunny, el primer mixtape de Myke Towers (El Final del Principio) y la primera canción de Duki (*No vendo trap*). Aunque *Cuatro babys* fue considerada polémica por su contenido misógino y machista, su aparición fue indicador de que el trap latino tenía ahora un espacio y que ese espacio estaba cerca del reggaetón.

Ya Arcángel, De La Ghetto, Cosculluela y Ñengo Flow habían experimentado con el sonido del trap cuando empezaron a aparecer en Puerto Rico otros artistas que buscaban un espacio en la música con la bandera puesta en este género, ya fuera adaptando al español el sonido de la movida del trap de Estados Unidos, o usando los elementos de este género sobre otros ritmos; en muchas de esas canciones ese otro ritmo fue el dembow. Esto no se limitó a la isla, también en Argentina, España, Chile y otros países hispanohablantes aparecieron proyectos con intenciones similares, lo que creó una trama inescapable de referentes e intersecciones entre el trap y el reggaetón.

En el trap latino, al igual que en el reggaetón, son comunes las canciones colaborativas y remixes donde hay hasta seis o más artistas. Esto sucede por varias razones: por sincronías creativas, por la forma en la que fue concebida la canción o como una herramienta para impulsarse y llegar a nuevas audiencias. Pertenece a la naturaleza de ambos géneros, en parte por las raíces que tienen en el rap, en el que son frecuentes las colaboraciones entre MC. *Esclava (Remix)*, por ejemplo, que salió en 2016, es una canción de trap de Bryant Myers, pero también cuenta con la participación de Anonimus, Anuel AA y Almighty. Esta canción —un junte— suele ser nombrada como la que inauguró lo que luego se vería como un movimiento. La presencia del trap también significó que el reggaetón se moviera e incluyera cada vez más ritmos y velocidades.

ANONIMUS

Estados Unidos/Puerto Rico

La canción *Lara Mercy*, que es un *featuring* con Nicky Jam, empieza presentando a Anonimus como un artista nuevo, esto fue en 2013. En una entrevista con *Frequencia Urbana* dijo que el trap y quienes hicieron *Esclava (Remix)* lograron poner en pausa el reggaetón.

Para conocerlo
Hollow Point ft. Jeeiph, Neutro Shorty, Dei V y Big Soto. Luz, 2024.

Esclava (Remix)
Bryant Myers ft. Anonimus, Anuel AA y Almighty
2016

BRYANT MYERS

Puerto Rico

Empezó publicando sesiones de *freestyle* en sus redes sociales, en 2013; ha dicho que en sus inicios no sabía qué era el trap, sino que iba tras pistas de hip hop. Hoy su nombre en Instagram dice TRAPERO DE TRAPEROS.

Para conocerlo
Viejos tiempos. 2017.

Me mata
Bad Bunny, Brytiago, Almighty, Baby Ra2sta, Bryant Myers, Noriel y Arcángel
2017

ALMIGHTY
Cuba/Puerto Rico

Ha usado el trap también para predicar alrededor de la religión cristiana. "El poder que yo siento cada vez que me llega una idea de hacer una canción cristiana para Dios, me confirma en el caminar qué es lo que tengo que hacer, ¿qué más yo voy a hacer si no es hacerle música a Dios?", dijo en una entrevista con Maiky Backstage.

Para conocerlo
Vacío. La BESTia: The Last, Pt. 1, 2020.

Solita
Bad Bunny, Ozuna, Mambo Kingz, Wisin y Almighty
2018

OZUNA
Puerto Rico

Tiene una voz aguda y fina que sobresale. Empezó a componer canciones con 12 años y hasta hoy intenta que lo que escribe y canta esté lo más libre posible de groserías y contenido explícito, lo cual es poco usual en los géneros que frecuenta.

Para conocerlo
Se preparó. Odisea, 2017.

La ocasión
De La Ghetto, Arcángel, Ozuna, Anuel AA
2016

ANUEL AA

Puerto Rico

Real Hasta La Muerte es su álbum debut y fue lanzado el 17 de julio de 2018, el mismo día que salió de prisión. Entró a la cárcel por posesión ilegal de armas de fuego y desde allí trabajó en el disco, incluso grabando canciones por teléfono. Al otro día del lanzamiento se convirtió en el álbum latino con más *streams* en 24 horas en la historia de Apple Music.

Para conocerlo
Adicto ft. Ozuna y Tainy. 2019.

Sola (Remix)
Anuel AA, Daddy Yankee, Wisin, Farruko, Zion y Lennox
2016

FARRUKO

Puerto Rico

San Miguel es el santo que lucha contra el diablo, y también es el nombre de la tiradera que Farruko le hizo a Anuel AA en 2024. Escogió este nombre, dijo en una entrevista con Maiky Backstage, porque "no es la primera vez que yo guerreo con alguien que se hace llamar diablo o demonio". Antes ya le había tirado a Kendo Kaponi, que se hace llamar El Demonio de la Tinta, y a Almighty, que alguna vez se hizo llamar El Diablo en Patines.

Para conocerlo
Fantasías ft. Rauw Alejandro. 2019.

Hoy le piso la cabeza al diablo, flow San Miguel. Enemigo mío es to' el que venere a Lucifer.

Si se da (Remix)
Myke Towers, Farruko, Arcángel, Sech y Zion
2019

MYKE TOWERS

Puerto Rico

Dijo en una entrevista con *GQ* que la primera vez que se sintió artista fue en España. Antes de eso tocaba en discotecas en Puerto Rico y lo apoyaban, pero allá se la creyó. También contó que muchas de las mejores canciones que tiene en su catálogo salieron en menos de 20 minutos.

Para conocerlo
MÍRENME AHORA. LYKE MIKE, 2021.

Vetements
Eladio Carrión y Myke Towers
2025

ELADIO CARRIÓN

Estados Unidos/Puerto Rico

Sus canciones las escribe en los estudios y en los aviones. Antes de ser artista nadó y fue comediante, y en la música empezó imitando a otros y luego escribiendo para ellos. La canción que le dio protagonismo en la escena fue *Mi cubana*, con Cazzu, Khea y Ecko, que salió en 2018.

Para conocerlo
Mbappe. SEN2 KBRN, VOL. 2, 2022.

3 AM
Eladio Carrión y Brytiago
2020

BRYTIAGO

Puerto Rico

Desnudarte la hizo mientras atravesaba por una depresión y dice que meterse en el tema le permitió desahogarse; fue publicada en 2021, en colaboración con Jay Wheeler.

Para conocerlo
La mentira (Remix) ft. Rafa Pabön, Sech, Rauw Alejandro, Cazzu y Myke Towers, 2019.

Ta To Gucci (Remix)
Cauty, Rafa Pabön, Brytiago, Cosculluela, Darell y Chencho Corleone
2018

COSCULLUELA

Puerto Rico

Empezó con Buddha's Family, un sello que publicó muchas tiraderas, una de las formas del reggaetón que Cosculluela frecuenta. Le ha tirado a Residente, Daddy Yankee, Anuel AA, Arcángel, entre otros.

Para conocerlo
Prrrum. El Príncipe, 2009.

Te boté (Remix)
Cauty, Rafa Pabön, Brytiago, Cosculluela, Darell y Chencho Corleone
2018

DARELL

Puerto Rico

Sus canciones suelen decir "Everybody go to the distotek" y ese también es el nombre del álbum que publicó en 2023. La frase la dijo por primera vez para una actividad de promoción y en la primera canción que sonó fue en *Asesina*, que sacó con Brytiago en 2018. Con el tiempo se ha convertido en una frase de artista como el "Real hasta la muerte" de Anuel AA o "El negrito de ojos claros" de Ozuna.

Para conocerlo
No vuelvas más. 2019.

El juego
Ñengo Flow y Darell
2018

ÑENGO FLOW

Puerto Rico

En sus canciones suele incluir su risa, que se ha vuelto tan reconocida que hay videos recopilatorios en YouTube. Dijo en una entrevista de *Alofoke Radio Show* que es su risa natural, aunque a veces la "aprieta un poquito más".

Para conocerlo
En las noches frías. Real G 4 Life, 2011.

La Groupie
Luigi 21 Plus, De La Ghetto, Ñengo Flow, Nicky Jam
2014

LUIGI 21 PLUS

Puerto Rico

Sus canciones son explícitas, *groseras*, y él lo deja claro incluso desde los nombres de sus álbumes o *mixtapes*: *Música para adultos* (2010), *El Bokisucio* (2010), *Mala influencia* (2020). "Pa'l carajo los caprichos, aunque tengan chichos/ Yo me la chicho, le empujo el bicho / Si a última hora cualquier roto saca leche / Ella me dice que en la cara se la eche", dice su verso en *Eso en 4 no se ve*.

Para conocerlo
Obligao. El Patán, 2012.

Mis amigas
Brray, Zion, Wisin, Jowell & Randy, Ñengo Flow, Maldy, Jory Boy, Gotay, Ñejo, Luigi 21 Plus, 2024

BRRAY

Puerto Rico

Sobre la pregunta común alrededor de los niños como oyentes de reggaetón, la respuesta de Brray, que dio en un pódcast con Rapetón, es que él no hace música para niños: "Mi música puede que se haya pegado comercial, pero yo nunca he hecho música comercial de primera, jamás, so a mí nadie me puede venir con esa".

Para conocerlo
Mis amigas. El Alma de la Fiesta, 2024.

Only Fans (Remix)
Lunay, Myke Towers, Jhayco, Arcángel, Darell, Brray, Joyce Santana, Ñengo 2024

JHAYCO

Puerto Rico

Don Omar fue el artista que le mostró que lo que quería hacer era música. Su reconocimiento empezó luego de colaborar con Bad Bunny y J Balvin en *No me conoce*, que salió en su álbum Famouz, en 2019. Es, además, compositor y productor.

Para conocerlo
FANTASMA | AVC *ft*. Tainy. DATA, 2023.

512
Jhayco y Mora
2021

MORA

Puerto Rico

Es compositor, productor e intérprete y empezó en la música tocando el piano y la flauta. En una entrevista que dio al periódico *La Voz*, de Argentina, dijo: "Tengo la raíz del reggaetón, pero siempre me han permeado otros tipos de música que he escuchado. Electrónica, básicamente. (...) Quizás hace dos años no podía hacer ese cruce porque la gente no lo entendía, pero siento que ahora la gente lo va digiriendo mejor. (...) Fluyo y no me caso con ningún tipo de música en específico".

Para conocerlo
DONDE SE APRENDE A QUERER? Estrella, 2023.

UN DESEO
Mora y RaiNao
2023

RAINAO

Puerto Rico

Le atraen el saxofón y los músicos que no tienen muchos límites: "Eso es lo que hace que los géneros evolucionen, que gente se atreva, que colaboren, aunque no sea algo que se parece a ti", dijo en el canal *STACION*. En ese sentido, ha tocado reggaetón, indie, jazz, R&B, entre otros.

Para conocerla
roadhead ft. Tainy. CAPICÚ, 2024.

Amarre
Villano Antillano y RaiNao
2022

VILLANO ANTILLANO

Puerto Rico

El rap ha sido su lugar de desahogo. En 2022 salió *Villano Antillano: BZRP Music Sessions, Vol. 51*, una sesión con el productor Bizarrap que contribuyó a su reconocimiento fuera de Puerto Rico y en circuitos más *mainstream*; con esta interpretación se convirtió en la primera mujer trans en ingresar al Top 50 Global de Spotify.

Para conocerla
Cáscara de coco. La sustancia X, 2022.

Besties (Remix)
Joyce Santana, Young Miko, Villano Antillano, YOVNGCHIMI y Luar La L
2022

Es un productor argentino que en 2017 empezó a subir batallas de freestyle editadas y remixeadas. Entre 2018 y 2019 publicó las primeras BZRP Freestyle Sessions, en las que invitaba a artistas a crear sobre pistas hechas por él. Nathy Peluso, Peso Pluma, Eladio Carrión, Young Miko, Nicky Jam, Arcángel y Shakira han participado en ellas.

JOYCE SANTANA

Puerto Rico

Le gustan Robi Draco Rosa, Lil Wayne, Latin Mafia y Feid; su espectro musical es amplio. Desde que hizo la primera barra se enamoró del micrófono y fue parte del colectivo Lv Ciudvd.

Para conocerlo
Omerta. Nada Personal, 2025.

Más grande
Joyce Santana y Omar Courtz
2022

Fue un colectivo que buscaba hacer rap en español y derivados, alejándose un poco de la influencia del reggaetón que primaba en la isla. Pertenecieron productores, artistas y creativos como Young Martino, Álvaro Díaz, Calleb Calloway, Déborah Blues, Papi Sousa, César Berríos, Brray, Luciano y Joyce Santana. El artista Myke Towers y los productores de Lara Project fueron cercanos al colectivo.

OMAR COURTZ

Puerto Rico

En una entrevista con *OVELTIME tv* dijo que Daddy Yankee es una inspiración esencial: "DY, tú sabes, gel de pelo de DY, perfume de DY, libreta de DY, DY es la bestia, es la inspiración de todos nosotros, el camino a seguir". En 2023 colaboró con él en la canción *BEACHY*.

Para conocerlo
Q U E V A S H A C E R H O Y ¿ ft. De La Rose. PRIMERA MUSA, 2024.

Los Dueños De La Calle
Omar Courtz, YOVNGCHIMI y Dei V
2022

YOVNGCHIMI

Puerto Rico

Además de trap, YOVNGCHIMI ha experimentado con el drill, un sonido derivado del rap marcado por el uso de procesadores de voz y un tono oscuro y agresivo que suele hablar, como pasa con el reggaetón y el trap, de calle, violencia y pandillas.

Para conocerlo
Nuevo ft. Lunay. 2022.

TU$$I
YOVNGCHIMI y Dei V
2023

DEI V

Puerto Rico

En 2023 Karol G fue a tocar al Estadio Hiram Bithorn y Dei V fue a cantar *VVS*, una canción que había publicado el año anterior. Al día siguiente, una chica en TikTok sacó un video que se volvió viral preguntando "¿Quién es Dei V?". Su respuesta fue hacer una canción que tituló así: *¿Quién es Dei V?*, y este fue el tema que impulsó su carrera fuera de la isla.

Para conocerlo
Single. 2023.

Toa
Dei V y De La Rose
2025

DE LA ROSE

Puerto Rico

Empezó en la música componiendo y haciendo *covers* en español de canciones que originalmente eran en inglés. También hizo *freestyle* antes de firmar con el sello House Of Haze.

Para conocerla
EX ASS ft. iZaak. 2025.

AMANECIÓ
De La Ghetto, De La Rose, Quevedo
2025

QUEVEDO

España

Cuando empezó a rapear, no reconocía que su voz —grave— tenía algo particular. Fue hasta que salió *Gris*, una colaboración con ROSO, en la que interpretó el coro, que sus amigos empezaron a insistirle sobre la potencia de su voz. Así empezó a cantar.

Para conocerlo
Columbia. 2023.

Si quieren frontear
Duki, De La Ghetto, Quevedo
2022

DUKI

Argentina

En Argentina el trap tiene su propia escena, donde destacan Cazzu, La Joaqui, Neo Pistea, Khea, Ysy A. Y está Duki, que inició su carrera vinculado al trap, el *freestyle* y el rap, pero en 2021 y 2022 lanzó dos EP titulados Temporada de Reggaetón 1 y 2 donde hay dembow y colaboraciones con reggaetoneros como Justin Quiles, Mora y De La Ghetto.

Para conocerlo
En movimiento. Temporada de Reggaetón, 2021.

Hablamos mañana
Bad Bunny, Duki y Pablo Chill-E
2020

PABLO CHILL-E

Chile

Antes de cantar escribía poemas y escuchaba el rap chileno y el reggaetón que ponía su mamá: Don Omar, Daddy Yankee, Wisin & Yandel, Las Guanábanas. La primera canción que pegó en Chile fue *ShiShi Gang* en 2019.

Para conocerlo
Resentia. Los Gangsters También Lloran, 2024.

Sheesh
Brray, Jon Z, Cazzu, Rauw Alejandro, Pablo Chill-E, Eladio Carrión, C. Tangana, Ecko, Joyce Santana y Young Martino
2020

CAZZU
Argentina

Creció en la provincia de Jujuy, que limita con Chile y Bolivia, y donde se escucha mucha cumbia, género con el que empezó en la música. A partir de ahí ha consumido desde el folclore argentino hasta Avril Lavigne. Este espectro se ha colado en su obra: "Yo podría hacerte un mapa de todo lo que escuché y todo lo que terminó siendo parte de mí y no se va a entender, ¿cómo carajos hiciste para combinar todo esto?", dijo en una entrevista con Héctor Elí.

Para conocerla
Bounce. Bonus Trap, 2020.

Brinca
Cazzu y Young Miko
2022

YOUNG MIKO
Puerto Rico

Aprendió a grabarse sola en su casa. Su hermano la familiarizó desde pequeña con el hip hop, que es lo que más escucha, pero también se crio con Miley Cyrus y Taylor Swift. Les rapea, sobre todo, a las mujeres: "A mí me fascina cantarles a las mujeres, me apasiona mucho, me encanta escribir para ellas. No sé, *I think it's beautiful*", le dijo a *Vogue*.

Para conocerla
Wiggy. Att, 2024.

8 AM
Young Miko y Nicki Nicole
2023

NICKI NICOLE

Argentina

Con sus amigos iba a batallas de *freestyle*: ese fue su entrenamiento. "No era buena en las competencias, pero haciendo *freestyle* empecé a tener más facilidad para hacer canciones improvisadas en el estudio, todo era más fácil", dijo en una entrevista para *La Nación*.

Para conocerla
BITCHES. NAIKI, 2024.

Marisola
Cris MJ, Duki y Nicki Nicole
2022

CRIS MJ

Chile

Desde 1999, ninguna canción chilena había entrado al Top 10 de Billboard Hot Latin Songs. Esto cambió en 2024 con *Gata only* de FloyyMenor y Cris MJ, que suena a reggaetón de los inicios, pero puso en 2024 a Chile en el mapa del sonido *mainstream* latino. También fue importante el remix de su canción UNA NOCHE EN MEDELLÍN, que hizo con Karol G y Ryan Castro en 2023.

Para conocerlo
Daytona. Partyson, 2023.

La G está rompiendo en lo que se espera

Carolina Giraldo viene de una familia de músicos y desde niña cantó. Cuando tenía 15 años se presentó al *reality* Factor Xs, un *show* musical de búsqueda de talentos que transmitían por la televisión colombiana; aunque no ganó, su paso por ahí le valió un primer contrato, con el sello Diamond Music de Puerto Rico, y a partir de ese momento se convirtió en Karol G.

Fue corista de Reykon desde 2012 y con él lanzó, dos años después, *301*, la canción con la que ganó reconocimiento en Colombia y otros países latinoamericanos. Cuando empezó, cuenta en una entrevista que le hizo Chente Ydrach en El Cairo, mientras grababa un video, la industria pensaba que el reggaetón no era para las mujeres y menos para una que le quería cantar al desamor. "Mis canciones siempre eran supercortavenas, yo siempre le he cantado mucho al desamor, siento que fluyo mucho y me inspira mucho. El desamor me hace escribir canciones increíbles". Buscando quién quería producir con ella, habló con su DJ de ese entonces, Ovy On The Drums, e hicieron juntos *Ricos besos*, en 2014. Desde esa primera canción

Ovy On The Drums

En una entrevista con *Billboard*, este productor de Medellín recuerda cómo empezó a ser la dupla de Karol G: "Ella estaba feliz porque yo fui la única persona que entendió lo que ella quería expresar con su sonido. (...) Yo recuerdo que estábamos un día en un balcón cuando le propuse que fuéramos equipo, así como eran Los Rudeboyz con Maluma, Sky Rompiendo con J Balvin". Empezó a vender beats a 5 dólares y a trabajar con los productores Ronald El Killa y La Compañía (el grupo de producción de Mr. Pomps, DJ Maff, Migueman y Gotex). Ahora, además de producir para Karol, tiene un sello llamado Big Ligas y produce para artistas como Zion & Lennox, Quevedo, Ozuna y Peso Pluma.

ella sintió que él entendía lo que quería decir con su música y siguieron trabajando juntos.

El primer álbum que hicieron como dupla fue también el primer álbum de Karol G: Unstoppable. Fue lanzado en 2017, tuvo colaboraciones con Ozuna, Bad Bunny, Cosculluela y Kevin Roldán, y ganó discos Platino y Oro en México y Estados Unidos. Luego vinieron Ocean (2019), y KG0516 (2021), pero el álbum que la consolidó como una de las artistas latinoamericanas más escuchadas de la historia fue Mañana Será Bonito publicado en 2023.

Ese álbum tuvo colaboraciones con Romeo Santos, Quevedo, Shakira, Justin Quiles, Ángel Dior, Maldy, Bad Gyal, Sean Paul, Sech, Ovy on The Drums y Carla Morrison, y la convirtió ese año en la artista con más reproducciones en YouTube, y al año siguiente, en la artista latina más escuchada del mundo en Spotify. El 11 de agosto de 2023, en el Allegiant Stadium de Las Vegas, Karol G empezó el tour de ese disco, que tuvo 62 fechas (29 en Latinoamérica) y que, según cifras reportadas a Billboard Boxscore, recaudó 313,3 millones de dólares y vendió 2,3 millones de entradas. Este tour fue el primero de estadios de una artista latinoamericana en la historia; su nivel de recaudo solo lo han logrado otras como Beyonce, Taylor Swift, Madonna y P!nk. Además, hizo un documental para Netflix al que llamó *Mañana fue muy bonito*.

Fotografía: © Dia Dipasupil / Getty Images.

Playlist
Karol G

1. *Ahora me llama ft.* Bad Bunny. Unstoppable, 2017.
2. *Mi cama (Remix) ft.* Nicky Jam y J Balvin. Ocean, 2019.
3. *Pineapple.* Ocean, 2019.
4. *China ft.* Anuel AA, Daddy Yankee, Ozuna y J Balvin. Emmanuel, 2020.
5. *Tusa ft.* Nicki Minaj. KG0516, 2021.
6. *200 copas.* KG0516, 2021.
7. *BICHOTA.* KG0516, 2021.
8. *SEJODIOTO.* 2021.
9. *PROVENZA.* Mañana Será Bonito, 2023.
10. *GATÚBELA ft.* Maldy. Mañana Será Bonito, 2023.

Bichota

La palabra *bichote* suele usarse en Puerto Rico para hablar de hombres con poder, en muchos casos asociados al narcotráfico. En un video publicado por Karol G en sus redes sociales, dijo: "La canción expresa cómo me siento como mujer, como persona, en este momento de mi vida y de mi carrera. Me siento grande, me siento líder, me siento superempoderada, y eso es ser una 'bichota'".

Feid, así como suena

Feid (a veces Ferxxo) quería ser rapero. Salomón Villada Hoyos empezó en la música a los 9 años, en el coro de la Universidad de Antioquia; con este grupo hizo, técnicamente, su primer álbum: uno de villancicos. Fue una época en la que, además de cantar, intentó también con la guitarra, el piano y la flauta. Un diciembre le regalaron un discman con un CD de Eminem y con ese aparato empezó a conocer más la música que sonaba afuera, especialmente el hip hop.

> "Yo decía que quería ser rapero, pero cabrón, yo soy horrible para hacer rap, no sirvo, y me tocó aceptar esa realidad. Antes, en mis primeras canciones, yo me tiraba a hacer rap y toda la vuelta, pero un día Mosty me dijo: 'Cabrón, ¿y usted por qué no canta?, usted canta chimba, usted le mete bien, intentemos hacer una canción cantada'. Y lo hice y de ahí para adelante dije no, marica, yo no sirvo para el rap", contó en una entrevista con Héctor Elí.

Conoció el reggaetón con A La Reconquista, de Héctor & Tito, que salió en 2002. Siete años después, cuando ya estaba en la universidad, montó un estudio en su casa llamado No Name, donde trabajó con artistas como Alberto Stylee y Nicky Jam. Luego fue compositor y productor con Sky, DJ Pope, Mosty y Bull Nene en Infinity Music, y en 2015 vino ICON, en el que trabajó con Rolo, Jowan y Wain, productores que, junto con Sky, son los que más han influido en su proyecto musical.

En 2013 empezó su carrera como artista que tomó relevancia primero local y tres años después nacional con *Morena* y *Que raro ft.* J Balvin; pero no fue sino hasta 2020, cuando lanzó *PORFA* junto a Justin Quiles, que se consolidó su lugar en el *mainstream* latino. "Estaba supercasado con hacer música que tuviera palabras colombianas", dijo en la misma entrevista. Desde ese momento, esta ha sido una característica constante en su obra, que está plagada del *slang* de Medellín.

> Sí, yo sé que la cagué, no fue una, fueron tres
> Y to' lo que te contaron, te contaron al revés
> Lo que hicimos esa noche nunca me lo imaginé
> Pero es que estaba muy dura,
> no fue que me enamoré.
> **PORFA**

Feid es un artista prolífico: entre 2015 y 2025 ha lanzado 7 álbumes de estudio, 1 *mixtape* y 6 EP, además de múltiples sencillos y colaboraciones. En 2024 fue el décimo artista más escuchado en todo el mundo en Spotify; ese mismo año comenzó el Ferxxocalipsis World Tour que lo llevó a Estados Unidos, Canadá, España, México, Guatemala, El Salvador, Honduras, Costa Rica, Puerto Rico, República Dominicana, Ecuador, Perú, Chile y, por supuesto, Colombia. A Europa llegó en 2025 con el Fastest Tour, que lo llevó por Suecia, Dinamarca, Alemania, Países Bajos, Bélgica, Suiza, Portugal, Austria, Italia e Inglaterra.

FERXXO VOL X: Sagrado, lanzado en 2025, es el primer álbum de reggaetón que fue compuesto, producido e interpretado por el mismo artista, por lo menos en el *mainstream*. Como lo dice en su canción *Carferxxo*, que hizo con la cantora del pacífico colombiano Nidia Góngora, "Todos los años saco álbumes, pero este es diferente, hice los ritmos, las letras, los *topline*, ¿me entiende?". En este disco, además, explora más con un género (y un tipo de *delivery*) que antes creía que no era para él: el rap.

Playlist
Feid

1. *Sígueme (Remix) ft.* Sech. 19, 2019.
2. *EXCXSXS.* FERXXO (VOL 1: M.O.R), 2020.
3. *FERXXO X ÑEJO ft.* Ñejo. Bahía Ducati, 2020.
4. *FUMETEO.* Inter *Shibuya*-La Mafia, 2021.
5. *Monastery ft.* Ryan Castro. Inter Shibuya-La Mafia, 2021.
6. *Castigo.* FELIZ CUMPLEAÑOS FERXXO TE PIRATEAMOS EL ÁLBUM, 2022.
7. *ALAKRAN.* FERXXOCALIPSIS, 2023.
8. *CLASSY 101 ft.* Young Miko. FERXXOCALIPSIS, 2023.
9. *SORRY 4 THAT MUCH.* 2024.
10. *GATITAS SANDUNGUERAS* VOL.1 *ft.* Álvaro Díaz. SAYONARA, 2024.

Fotografía: © Nina Westervelt / Billboard / Getty Images.

Álvaro Díaz

La primera canción que lanzó Álvaro Díaz en Sound-Cloud, en 2012, fue *Chicas de la isla*, y pegó. Fue construida por Tainy, un productor central en la obra de este artista de Hato Rey, Puerto Rico. A partir de ahí, Álvaro hizo una carrera tomando referentes diversos que mezcla de formas inesperadas: de alguna manera en su obra pueden entrar Trebol Clan, Blink 182, Kanye West, reggaetón, hip hop, punk, salsa y house. Aunque antes lanzó Hato Rey (2015), San Juan Grand Prix (2016), Díaz Antes (2020) y Felicilandia (2021), el álbum más relevante de su carrera es SAYONARA (2024). A pesar de que nunca especificó qué instancia de su maquinaria era la que no permitía que el álbum fuera lanzado, este trabajo solo estuvo en la calle después de una campaña llamada *#FreeSayonara* que empezó enunciando Sen Senra sobre una tarima y terminó convirtiéndose en un movimiento de fanáticos que reclamaban la música. Por suerte, pues con colaboraciones con Feid, Tainy, Sen Senra, Rauw Alejandro, Young Cister, Nsqk, paopao, Mora, Quevedo y Arón Piper, este fue el trabajo que le permitió a Álvaro girar por América y Europa y hacer su primer Choliseo (dos fechas) en mayo de 2025. Álvaro es, además, un compositor versátil; escribió, por ejemplo, en *Aquel Nap ZzZz* de Rauw Alejandro y en *GUCCI LOS PAÑOS* de Karol G.

Choliseo

El Coliseo José Miguel Agrelot es conocido como El Choliseo o El Choli por la unión de las palabras Cholito + Coliseo; Don Cholito fue uno de los personajes más relevantes de Agrelot, comediante y presentador boricua. Aunque el acto inaugural de este recinto en 2002 fue con Roberto Roena, La Sonora Ponceña y Richie Ray & Bobby Cruz, con el tiempo se convirtió en una especie de templo para el reggaetón y otros géneros cercanos. Para un artista de este espectro, presentarse en El Choli es una especie de graduación. En Medellín, incluso, una serie de conciertos de reggaetón llevan el nombre de El Choli se Muda a Medellín.

En 2014, Jowell & Randy, por ejemplo, lanzaron *Vamo a Busal (De Camino Al Choliseo Edition)* como una invitación a su concierto que se reflejaba también en el video.

Tú tienes la cura que me quita la amargura
No tengas miedo, solo muevelo pa'trás
Yo sé que tú vas pa'l Choli, baby, no te quedarás

(...)

Vamos pa'l Choli, mami
No lo pienses y compra el boleto
30 de enero

Awoo

De la misma manera en la que los panameños impulsaron sus grabaciones de reggae en español en los buses, así lo hizo Ryan Castro apenas salió del colegio; la diferencia es que él cantaba, y no solo *covers* de reggae y dancehall en español, sino canciones propias de rap o reggaetón e improvisaciones sobre lo que pasaba en el barrio en el que creció en Medellín: Pedregal. De ahí se fue a Curazao, donde vivía su madre, y fue mientras estaba allá que sus canciones empezaron a escucharse en Medellín. *Lejanía*, lanzada en 2020 y cuyo remix hizo con Blessd, le dio visibilidad en el *mainstream* y la atención para hacer colaboraciones con Feid, FARIANA, Justin Quiles, Ñejo, Andy Rivera, Dímelo Flow, J Balvin, Jhayco, Brray y Bad Gyal, entre otros. Aunque la suya no ha sido una carrera hecha solo a punta de *featurings*, algunas de sus canciones más escuchadas como *Jordan*, *Malory*, *Mujeriego*, *Wasa Wasa* han sido lanzadas en solitario.

Su primer álbum fue El Cantante del Ghetto (2024), donde buscó con reggaetón, dancehall, trap y otras voces de artistas como Arcángel, Jowell & Randy, Ñengo Flow, Myke Towers, Akapellah y Totoy el Frio, hacer canciones con atmósferas relacionadas al barrio, la calle, la farra, el dinero y las mujeres.

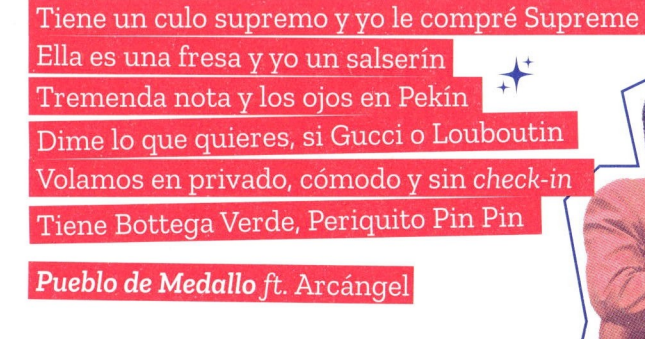

Tiene un culo supremo y yo le compré Supreme
Ella es una fresa y yo un salserín
Tremenda nota y los ojos en Pekín
Dime lo que quieres, si Gucci o Louboutin
Volamos en privado, cómodo y sin *check-in*
Tiene Bottega Verde, Periquito Pin Pin

Pueblo de Medallo ft. Arcángel

Fotografía: © Ethan Miller / Getty Images.

El afán por contar su historia y retratar sus entornos se mantiene en su segundo álbum, Sendé, lanzado en 2025. Este trabajo fue hecho e inspirado en Curazao y en su historia allí. En Sendé, Ryan intensifica el uso del dancehall e integra también sonidos del kizomba, el afrobeat y distintas vertientes del reggae.

Aunque todo su universo musical ha girado en torno a la idea del barrio/el *ghetto*, Ryan ha experimentado con múltiples géneros como el merengue y el chucu chucu; esto y su voz versátil lo han llevado a una audiencia que no solo se vincula al reggaetón. Otros públicos también llegaron con la canción *El ritmo que nos une*, que acompañó a la Selección Colombia de Fútbol durante la Copa América 2024. Este tema fue producido por SOG, que creció en el mismo barrio que Ryan, fue al mismo colegio y desde *Lejanía* trabaja con el artista.

Qué chimba SOG

FARIANA
Antes conocida como Farina, fue una de las primeras mujeres en hacer reggaetón en Medellín. Participó en el show de talentos Factor X e hizo con el cantante Julio Meza la canción de la telenovela *Juegos prohibidos* llamada *Solo con palabras*. Puede rapear y cantar y suele hacerlo alrededor del reggaetón combinado con R&B, dancehall, pop y otros ritmos folclóricos.

Playlist
Ryan Castro

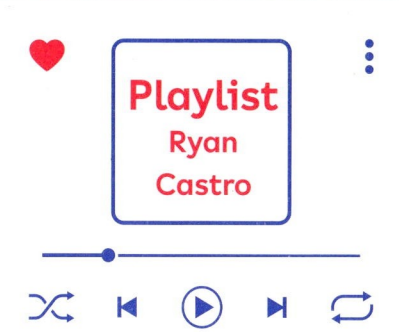

1. *Lejanía ft.* Blessd. 2020.
2. *Malory.* 2021.
3. *Monastery ft.* Feid. 2021.
4. *Jordan.* 2022.
5. *Fiesta ft.* FARIANA. 2022.
6. *SQ (W Sound 04) ft.* W Sound y Ovy On The Drums. 2024.
7. *Mil vidas ft.* Mora. LO MISMO DE SIEMPRE, 2025.
8. *REBECCA.* Sendé, 2025.

W Sound
Es un proyecto musical curado por el *streamer* Westcol y producido por Ovy On The Drums. Su primer lanzamiento fue en 2024 y tienen canciones con Valka (*Mi novio tiene novia*), Blessd (*Soltera*), Ryan Castro (*SQ*), Beéle (*LA PLENA*) y hay un tema pendiente con Reboll 333, un trapero colombiano.

Me tienes hablando portugués, pensando *em me mudar com você*

El 10 de mayo, en el Centro Esportivo Tieté de São Paulo, fue el último concierto de Mañana Será Bonito Tour en Latinoamérica. Contrario a lo que había pasado en el resto del sur del continente, Karol G no vendió las boletas esperadas y publicó este mensaje en sus redes sociales:

> " Es increíble como un día podemos tener un show de 60 mil personas y al otro uno de 13 mil y sentirse igual de lindo, igual de grande, igual de especial! La vida me sigue enseñando que nunca estamos en la cima de nada...".

El reggaetón no suena con la misma intensidad en Brasil que en el resto de Latinoamérica, pero sí suena.

Rafael Takano, cuyo nombre de DJ es Papi Tele, hace la fiesta de reggaetón más grande de todo Brasil: Súbete. Empezó en São Paulo con la idea sencilla de hacer un set donde pudiera integrar este sonido que había conocido en Estados Unidos cuando Daddy Yankee era el artista más escuchado, pero que ahora le llegaba de otras maneras más cercanas a él, con J Balvin y Maluma. La fiesta —la primera de solo reggaetón en Brasil y que antes se llamó CalleBaile— funcionó: desde ese primer día en 2017 hubo una fila gigante.

Con el tiempo, Súbete fue tomando fuerza, transformándose en una plataforma para DJ, bailarinas y otros sonidos cercanos al dembow. También se convirtió en un espacio seguro para la comunidad *queer*, con equipos de cuidado y boletas gratis para las personas trans. Sin embargo, esto no es un síntoma de la popularidad del género: no puede decirse que allí el reggaetón, como sucede en casi todo el resto de Latinoamérica, haga parte del *mainstream*. En una Antología de Reggaetón del Club Perro Negro, Alejandro Cardona va por las calles preguntando quién es Bad Bunny y pocos saben. Hay quienes apuntan a que esta lejanía con el género es por el idioma, pero Brasil es un país donde artistas pop norteamericanos que cantan en inglés y grupos de K-pop que interpretan en coreano tienen alta popularidad.

La otra posible causa es que los brasileños suelen ser grandes escuchas de sus sonidos regionales, priorizando la tradición y la localidad. "Brasil es muy grande e incluso los ritmos son distintos dentro: la samba de Río es distinta a la de São Paulo y a la de Bahía y también cambia en el norte más cerca al Amazonas, e igual pasa con el funk y otros géneros", dice Rafael. Sin embargo, esto no ha impedido que artistas como Anitta, Ludmilla y Pabllo Vittar hayan experimentado con el sonido del reggaetón y lo hayan adaptado a su universo musical, mezclándolo con funk carioca y otros sonidos de su país.

"Yo empecé a tocar reggaetón por Anitta", dice Rafael. Ella, junto a la excantautora y bailarina Tati Zaqui, fueron las primeras en darle a este género un lugar en Brasil. Anitta estudió el sonido y el lenguaje: no ha dudado en usar el español y palabras propias de Puerto Rico o Colombia para conectar con otros públicos más acostumbrados al sonido del dembow. Ella entró al reggaetón de la mano de J Balvin, con quien hizo el remix de *Ginza* en 2016, *Downtown* en 2017 y *Machika* en 2018. A partir de ahí ha sacado canciones de reggaetón en solitario, como *Envolver* (2021) y *Romeo* (2025), y ha colaborado con artistas como Arcángel, De La Ghetto, Ozuna, Wisin, Myke Towers, Rauw Alejandro, entre otros.

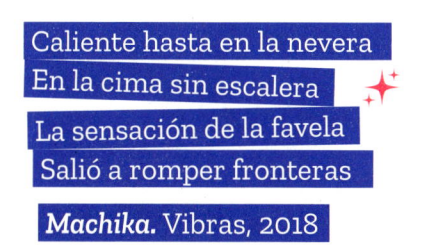

Caliente hasta en la nevera
En la cima sin escalera
La sensación de la favela
Salió a romper fronteras

Machika. Vibras, 2018

Y yo me pongo loco con dembow y reggaetón

Los dominicanos y los boricuas viven los unos al lado de los otros. Ambas islas se encuentran separadas por poco menos de 200 kilómetros, y según un estudio del Dominican Studies Institute de la City University of New York (CUNY), los dominicanos son el grupo inmigrante y la minoría étnica más numerosa en Puerto Rico. Esto se puede notar en el reggaetón, sobre todo en las intersecciones que ha tenido este sonido con el merengue y la bachata, y en la aparición del dembow dominicano.

Breyco En Producidera, productor, dijo en el documental *La Cuna del Dembow*, dirigido por Rodrigo Films, que la primera vez que escuchó el sonido del dembow fue a través del trabajo de DJ Playero, y esto lo sostienen también otros artistas del género como Bulin 47, Ceky Viciny y El Crok. Sin embargo, la que se reconoce como la primera canción de dembow dominicano es *Mujeres andadoras* del productor DJ Boyo, quien en 1994 tomó la pista de la canción de reggae *A who seh me dun* del jamaiquino Cutty Ranks y la aceleró.

En esa velocidad, en letras plagadas de *slang* dominicano y palabras inven-

Bachata ←
Es un género que nació en República Dominicana de la mezcla del bolero con "otros géneros musicales afroantillanos como el son cubano, el chachachá y el merengue", según dice su entrada en la Lista Representativa del Patrimonio Cultural Inmaterial de la Humanidad. Las canciones de este sonido suelen ser románticas, intensas. El nombre más reconocible para los escuchas del reggaetón es el de Romeo Santos y su grupo Aventura, que con su voz aguda ha hecho colaboraciones con reggaetoneros como Daddy Yankee, Nicky Jam, Bad Bunny, Rauw Alejandro y Karol G.

tadas, y en composiciones en las que es común la repetición, es que sucede el dembow dominicano y lo particulariza frente a otros ritmos. Así como el reggaetón, este género habla de fiesta, sexo y calle, de la realidad de quienes lo interpretan:

> "Yo en verdad me inspiro para hacer dembow en todo lo que yo vivo, todo lo que viven los panas míos, hay cosas que ya yo no vivo porque estoy en el dembow, pero los chuckis míos lo viven, que la gente anda *rulling* en la calle... Yo veo todo, todo lo que pasa, y así lo meto en una pista y hago un dembow", dijo el cantante Yomel El Meloso en el mismo documental.

Artistas como Tokischa, El Alfa, La Perversa, Yailín la Más Viral, Chimbala, Lírico en La Casa, Pablo Piddy, Liro Shaq, Nino Freestyle, El Mayor Clásico y La Materialista han sacado este sonido de República Dominicana y, en algunos casos, lo han hecho impulsados por reggaetoneros, ya sea participando de canciones con un sonido más lento, o trayéndolos a ellos a la agilidad del dembow dominicano.

Playlist
dembow
dominicano
♥ reggaetón

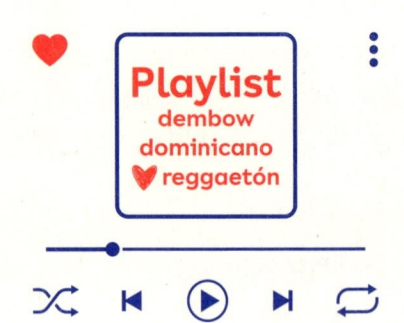

1. *La Romana* por Bad Bunny *ft.* El Alfa. X100 Pre, 2018.
2. *Dembow & reggaetón* por El Alfa *ft.* Myke Towers y Yandel. Dembo$$, 2019.
3. *Perra* por J Balvin *ft.* Tokischa. JOSE, 2021.
4. *Delincuente* por Anuel AA *ft.* Tokischa y Ñengo Flow. 2022.
5. *Travesura* por Nino Freestyle *ft.* Lenny Santos, Divino, Chelsy, Boy Wonder Cf. 2024.
6. *Somos panas* por Yailin la Mas Viral *ft.* Randy. 2025.

Reggaetón cubano

Los miembros de la banda Cubanito 20.02, pioneros en el reggaetón cubano o cubatón, antes hacían rap en el grupo Primera Base; este fue un movimiento común de solistas y agrupaciones cuando empezó a popularizarse este sonido que venía de Puerto Rico y que se adaptó con naturalidad en la isla a inicios de los 2000. También fue común la fusión del dembow con otros géneros cubanos como la timba, un ritmo popular derivado del son montuno proveniente de Santiago de Cuba, la ciudad donde inició el cubatón. Candyman, El Médico, Marka Registrada, Kola Loka Elvis Manuel y Clan 537 fueron algunos de los artistas que iniciaron y potenciaron este género. El cubatón ha permanecido como un sonido local, aunque la canción que hizo la agrupación Gente de Zona con Enrique Iglesias y Descemer Bueno en 2014, *Bailando*, entró a las listas de las más escuchadas en más de 26 países.

Reggaetón mexa

En un comunicado que publicó Spotify en 2024, cuentan que fueron ellos quienes, en vista de la proliferación de artistas de reggaetón mexicano, habían bautizado un nuevo género como *reggaetón mexa*. Sin embargo, el artista Dani Flow dijo el mismo año en el canal de Charly Galleta que él ya venía usando esa expresión unos años antes. Spotify define el reggaetón mexa como una mezcla de dembow con "sonidos de los barrios mexicanos y la cultura sonidera", además del uso de jerga mexicana. En las *playlists* del reggaetón mexa aparecen nombres como Yeri Mua, El Bogueto, Pablito Mix, Yng Lvcas, El Malilla, Bellakath, Yeyo, La Dinastía, Uzielito Mix, Ghetto Kids, y Dani Flow. Otros como Peso Pluma y Kenia Os también han incluido este sonido en su trabajo musical.

Porque esto es neoperreo, bailoteo

Fue la artista chilena Tomasa del Real quien bautizó el neoperreo. Durante una entrevista que le hicieron en Red Bull Radio, en Nueva York, en la que le preguntaron sobre su estilo como cantante de reggaetón, dijo que no se consideraba así, pero sí hacía música para perrear, un neoperreo. "Fui la primera que lo dijo, pero después, con el tiempo, muchas de mis colegas empezaron a usarlo para definir su música", contó al diario *La Voz* de Argentina.

El neoperreo es un subgénero del reggaetón nativo de internet y liderado por mujeres, que rompe estereotipos de género y se acerca a las comunidades LGBTIQ+, que pocas veces se ven representadas en el reggaetón *mainstream*. El periodista Felipe Garrido describe el neoperreo como "bajos distorsionados, *beats* de dembow simplificados y ritmos de dancehall, fusionados con producción *lo-fi*, influencia de música electrónica y letras audaces".

Su articulación digital ha hecho que aparezca en distintos lugares y no se ancle solo a una región; hay representantes de este sonido en Honduras, España, Argentina, Chile, Canadá y Estados Unidos. Aunque, por ejemplo, Bad Gyal tiene colaboraciones con artistas de consumo masivo como Ozuna, Karol G, Anitta o Ñengo Flow, y otros, como Rosalía o Bad Bunny, han experimentado con este sonido, su consumo permanece cercano a la fiesta *underground*.

Playlist
Neoperreo

1. *Fiebre* por Bad Gyal. Slow Wine Mixtape, 2016.
2. *Bitch mode* por La Zowi. 2017.
3. *Baby Papi* por Princesa Alba. 2017.
4. *Tu sicaria* por Ms Nina *ft.* Beauty Brain. 2017.
5. *Perra del futuro* por Tomasa del Real. Bellaca del Año, 2018.
6. *Mariposa* por Isabella Lovestory. 2020.
7. *Paleta* por La Goony Chonga. Descontrol, 2021.

A de alfa, altura, alien

Antes de cumplir los 13 años, Rosalía no había escuchado flamenco, pero sí reggaetón; ese lo conoció a los 11. "Lo escuché por primera vez en la feria de mi pueblo, con mis primas bailando todas las canciones de Don Omar. Entonces, es algo muy orgánico, igual que lo ha sido, a lo mejor, el flamenco", dijo en una entrevista en *Rolling Stone* cuando lanzó MOTOMAMI, un álbum en el que integró este género latino de forma fragmentada, honrando su historia y llevándola al futuro a la vez.

MOTOMAMI es un trabajo contemporáneo y minimalista donde la artista española integra sonidos electrónicos con balada, bachata, samba, flamenco y baterías de reggaetón que pone en lugares inesperados. En el análisis del álbum que hizo el productor Jaime Altozano en su canal de YouTube, dice: "Hemos visto una letra hipersexual con una balada con metralletas, hemos visto la instrumental de Justo Betancourt pasar a un rap de Soulja Boy", es decir, en este disco no hay un género predominante ni nada que amalgame más que la mirada de Rosalía.

En medio de esos *collages* en apariencia aleatorios, Rosalía revisa, samplea y atomiza *beats* clásicos del reggaetón y canciones como *Candy* de Plan B y *Saoco* de Wisin *ft.* Daddy Yankee, y pone todos estos sonidos y referencias en otros universos musicales:

> "Yo disfruto mucho escuchando Oneohtrix Point Never, Arca, Frank Ocean, pero después también me gusta mucho, por lo que te digo, Wisin & Yandel. Entonces, intento encontrar la forma de que ambas cosas convivan, de reconciliarlos una vez más, de reconciliar esas energías, porque disfruto ambas", dice en *Rolling Stone* explicando el porqué de sus mezclas.

Esas fragmentaciones y convivencias que logra Rosalía en MOTOMAMI han impactado y resaltado otras propuestas en las que el dembow aparece como un ingrediente más y no como protagonista. Esto ha sucedido en España con artistas como Rusowsky, Ralphie Choo y Judeline, y en otras partes de Latinoamérica con Latin Mafia, CA7RIEL & Paco Amoroso, AKRIILA y Dinamarca.

Fotografía: © Dimitrios Kambouris / Getty Images.

Playlist
Rosalía

1. *Con Altura ft.* J Balvin y El Guincho. 2019.
2. *Yo x Ti, Tú x mí ft.* Ozuna. 2019.
3. *LA NOCHE DE ANOCHE ft.* Bad Bunny. El Último Tour del Mundo, 2020.
4. *KLK ft.* Arca. Kick I, 2020.
5. *CANDY (Remix) ft.* Chencho Corleone. MOTOMAMI +, 2022.
6. *SAOKO.* MOTOMAMI, 2022.
7. *BIZCOCHITO.* MOTOMAMI, 2022.
8. *Besos moja2 ft.* Wisin & Yandel. La Última Misión, 2022.

Saoco, papi, saoco ← (handwritten note pointing to item 6)

Rauw Alejandro

En 2023, Rauw Alejandro y Rosalía lanzaron el EP RR con tres canciones que escribieron juntos: *Beso*, *Vampiros* y *Promesa*. Antes Rosalía ya había colaborado como compositora, productora y haciendo voces en algunas canciones de Afrodisiaco, el álbum debut de Rauw, publicado en 2020. Para ese momento, el cantante puertorriqueño llevaba seis años publicando canciones, aunque su conexión con la música ha sido desde siempre, pues su papá es guitarrista y su mamá cantante.

Además de intérprete y compositor, Rauw es bailarín. Tiene bases de ballet y le interesa mezclar movimientos propios del sonido latino con hip hop, jazz y danza contemporánea. Los conciertos de Cosa Nuestra World Tour, que buscó promocionar el álbum homónimo del artista, por ejemplo, se armaron pensando en los musicales del circuito de Broadway con banda completa en vivo y 20 números de baile interpretados por él junto a otros bailarines. En una entrevista con *El Vocero* de Puerto Rico, dijo que el baile es su marca: "Es lo que me diferencia de la mayoría de los que están en el género. Quiero hacer historia en esa esquina y cuando pasen los años que la gente diga que fui uno de los mejores *showman* o *performers* que tuvo Puerto Rico y a nivel mundial".

A de Arca

En un español antiguo, un arca es una caja de madera en la que solían guardarse joyas y objetos de valor; de ahí tomó el nombre esta artista venezolana: "un espacio vacío que puede contener cualquier música o significado que yo le dé (...) algo hueco que yo pudiera crear", contó a la revista *Vice*. Ese espacio lo ha ido llenando de música desde diferentes posiciones: canta, produce, compone, es DJ y crea universos explosivos, oscuros y brillantes para ella y otros artistas como Björk, FKA Twigs, Frank Ocean, Lady Gaga, Sia, Sophie, entre otros; también lo ha llenado de reggaetón. Gran parte de KICK, una serie de álbumes que publicó en 2021, la construyó a partir del dembow que escuchó en su juventud en Venezuela, envolviéndolo en una atmósfera sintetizada y extraterrestre, y potenciando el carácter electrónico de este sonido.

Arca le contó a *Rolling Stone* que el álbum KICK II era una reinterpretación y deconstrucción del reggaetón. *Prada*, *Rakata*, *Luna llena* y *Tiro*, por ejemplo, hacen cierto puente entre *beats* clásicos de perreo y elementos más cercanos al neoperreo. Arca estira, distorsiona, comprime e infecta el reggaetón y así construye algo que es a la vez cercano y alien para cualquier oído latino.

Fotografía: © Nina Franova / Getty Images.

Don, dale, dale
Dale pollo con sazón
Dale, mami, reggaetón, dale
¿Dónde están los gringos y los güeros
pa' que tiren su dinero?
Bom-bomba latina, máquina guajira
Tiro

Un artículo publicado en *Remezcla* sobre la serie KICK termina así:

> A través de cada imagen, Arca parece expresar su filosofía de romper visualmente las barreras binarias para construir paisajes sonoros que no solo son nuevos, sino también recuperados, reconfigurados y reparados a partir de piezas de maquinaria abandonadas y oxidadas que no sobrevivieron al paso del tiempo. Porque incluso si la música latina decide permanecer de una sola manera, consciente o inconscientemente, Arca viene del futuro para decirnos que estos mundos son demasiado pequeños para las multitudes que contenemos".

Para decirnos, a veces a punta de dembow, que hay otras historias por contar; que el romantiqueo, bellaqueo, sandungueo y malianteo pasa también por otros cuerpos y puede ser *queer* y disidente.

Cuando el reggaetón inició, cuando aún se llamaba underground, era imposible predecir lo que pasaría después; difícil imaginar que un género en español, que salió de lugares diminutos de Latinoamérica y que se gestó sobre todo en comunidades empobrecidas y periféricas, pudiera llegar a la cima de pop. Pero lo hizo. Su historia sigue tejiéndose y lo hace desde el *mainstream*, pero también desde la visión infrecuente de artistas como Arca. Sus límites aún no se conocen. Muchas veces se le ha decretado de forma ineficaz la muerte a este género, pero siempre un perreo busca la forma de colarse y subsistir.

¿Qué sigue?

Chequéate la historia

CONTINUARÁ

gracias

a mi casa

a envigado

a la calle

a valeria por leerme (más o menos)
como si fuera un tik tok

a eme Zzz por lo ch'ixi y el whatsapp

a medellín

a pia y a los que han parchado en la
esquina del watusi

a puerto rico

a chente ydrach y a héctor elí x
hacer las preguntas a tantas de las
respuestas aquí citadas, y a los otros
que han entrevistado y escrito: esto
es una libreta de recortes, gracias

al reggaetón por ser, con toda su
complejidad, tan nuestro

a todos los que me han cuidado

Referencias

Al Garete con Tash, Entrevista a Jory Boy, 6 de junio de 2024, consultada en: https://www.youtube.com/watch?v=g0g3Y9L-80So&t=1685s

Alofoke El Iluminado, Entrevista a Myke Towers, 16 de febrero de 2025, consultada en https://www.youtube.com/watch?v=hqFz0mqijio

Alofoke Radio Show, Entrevista a Maluma, 25 de marzo de 2023, consultada en: https://www.youtube.com/watch?v=-2Tadcuh2nsU

Altozano, Jaime, "Análisis de MOTOMAMI: Entendiendo la transformación de ROSALÍA (con Rosalía)" 7 de abril de 2022, consultado en: https://www.youtube.com/watch?v=8xGgFmoLRAE

Amazon, *La Cuna del Dembow*, septiembre de 2022, consultado en: https://www.youtube.com/watch?v=iGbLiOoZg98

Antología de Reggaetón del Club Perro Negro, Entrevista a DJ Buxxi, 19 de agosto de 2024, consultada en https://www.youtube.com/watch?v=YzXEEpfdPFI

Antología de Reggaetón del Club Perro Negro, Entrevista a DJ Pablito, 30 de septiembre de 2024, consultada en: https://www.youtube.com/watch?v=zgfdLDR2TaU

Antología de Reggaetón del Club Perro Negro, Entrevista a Fusión Perreo, 24 de junio de 2024, consultada en: https://www.youtube.com/watch?v=i7ZB0xXS0mA

Antología de Reggaetón del Club Perro Negro, Entrevista a Mr. Pomps, 2 de septiembre de 2024, consultada en: https://www.youtube.com/watch?v=qWNklQ5gUBc&t=34s

Antología de Reggaetón del Club Perro Negro, Video "Perro Negro *ft*. Súbete-Primer bloco de reggaetón en el Carnaval 2025", 30 de abril de 2025, consultado en: https://www.youtube.com/watch?v=ebvxGac_FfM

Arango, Jaime Horacio, "Juan Diego Medina, el hombre detrás del éxito de Nicky Jam y Manuel Turizo", *El Colombiano*, 9 de abril de 2024, consultado en: https://www.elcolombiano.com/cultura/juan-diego-medina-detras-de-los-exitos-de-nicky-jam-y-manuel-turizo-DO24191156

Arango, Jaime Horacio, "'Sin medallo no existiría J Balvin', dice al músico al presentar su nuevo álbum Rayo", *El Colombiano*, 9 de agosto de 2024, consultado en: https://www.elcolombiano.com/cultura/j-balvin-lanza-nuevo-album-rayo-OO25184903

Arrascaeta, Germán, "Entrevista a Mora, el más innovador de los artistas urbanos: Me tiré al mar sin salvavidas", *La Voz*, 16 de abril de 2023, consultado en: https://www.lavoz.com.ar/vos/musica/entrevista-a-mora-el-mas-innovador-de-los-artistas-urbanos-me-tire-al-mar-sin-salvavidas

Astorga Hering, Nicolás, "DJ Blass: Donde pongo la mano, pongo la bala", *Vice*, 5 de agosto 2015, consultado en: https://www.vice.com/es/article/dj-blass-entrevista-reggaeton/

Ávila-Claudio, Ronald, "Reguetón: cuál es el origen del amado y odiado ritmo (y qué papel jugó el Canal de Panamá)", *BBC News Mundo*, 3 de julio de 2023, consultado en: https://www.bbc.com/mundo/noticias-65925264

Backstage, Maiky, Entrevista a Ángel & Khriz, 16 de marzo de 2022, y consultada en: https://www.youtube.com/watch?v=_yCRhyiEEzo

Backstage, Maiky, Entrevista a Don Omar, 10 de febrero de 2023, consultada en: https://www.youtube.com/watch?v=_l7whlJeRMY

Backstage, Maiky, Entrevista a Noriega, 24 de febrero de 2025, consultada en: https://www.youtube.com/watch?v=wJU-1vLlsOlM

Baker, Geoff, "The Politics of Dancing Reggaetón and Rap in Havana, Cuba", *Reggaeton*, Duke University Press, 2009.

Billboard, "Bad Bunny Talks Growing Up in Vega Baja and Early Music Influences", 18 de octubre de 2018, consultado en: https://www.youtube.com/watch?v=pheFazCxk0o

Boy Wonder (prod.), *Chosen Few II'* producido por Boy Wonder, 2006, consultado en: https://www.youtube.com/watch?v=4PM736xVP2Q

Boy Wonder (prod.), *Chosen Few*, 2004, consultado en: https://www.youtube.com/watch?v=C5ynFlne06o

Bravo-Peterec, Sebastian, "The Origins of Dembow", *Story Maps*, 20 de octubre de 2019, consultado en: https://storymaps.arcgis.com/stories/b240b94db46e42d1937421da4a111eb4

Briefing Booklet, "The Newest New Yorkers 1990-1994", New York City Department of City Planning, junio de 1997, consultado en: https://www.nyc.gov/assets/planning/download/pdf/planning-level/nyc-population/new-population/newest-ny-1990-briefing-booklet.pdf

Butler, Bethonie; Velarde, Luis; Galocha, Artur y Shapiro, Leslie, "Cómo el reggaetón conquistó el sonido del pop global", *Washington Post*, 1 de febrero de 2024, consultado en: https://www.washingtonpost.com/entertainment/interactive/2024/reggaeton-dembow-evolucion-cronologia/

Camprubí, Aïda, "La 'Motomami' de Rosalía es un animal mitológico", *Vogue*, 19 de marzo de 2022, consultado en: https://www.vogue.es/living/articulos/rosalia-motomami-analisis-musica

Carbonell, Ofèlia, "El no-tan-neo-perreo en perspectiva: ¿cómo se diferencia aún hoy del reggaeton?", *Beat Burguer*, 26 de noviembre de 2019, consultado en: https://beatburguer.com/el-no-tan-neo-perreo-en-perspectiva-como-se-diferencia-aun-hoy-del-reggaeton/

Cepeda, Eddie, "Descubre cómo nació el reggaetón en Puerto Rico", *Red Bull*, 11 de mayo de 2018, consultada en: https://www.redbull.com/co-es/reggaeton-nacimiento-puerto-rico

Chow, Andrew R. y Espada, Mariah, "'Hago Música Como Si Fuera la Única Persona en el Mundo' Bad Bunny sobre Coachella, Hollywood y Superándose a sí Mismo", revista *TIME*, 28 de marzo de 2023, consultado en: https://time.com/6266396/bad-bunny-entrevista-coachella/

Cobo, Leila, "Bad Bunny to Drop Debut 'X100PRE' Album on Christmas Eve: Exclusive Interview", *Billboard*, 23 de diciembre de 2018, consultado en: https://www.billboard.com/music/latin/bad-bunny-to-drop-debut-x100pre-album-on-christmas-eve-exclusive-8491328/

Colina, Camila, "La música de Young Miko llega a la portada de Vogue, *Vogue*, 26 de agosto de 2024, consultado en: https://www.vogue.mx/articulo/young-miko-portada-vogue-septiembre-2024

Comité Urbano, Entrevista a Lito & Polaco, 11 de noviembre de 2014, consultada en: https://www.youtube.com/watch?v=cceCRNWOiXU

Conversación en la Semana del Arte de Miami 2023 entre Tainy, Elliott Muscat y Lex Borrero, 9 de diciembre de 2023, consultada en: https://www.youtube.com/watch?v=UiJ5GNsqIR4

Cromos, "Karol G no llenó en Brasil y no ocultó lo que pasó: 'Es increíble'", 14 de mayo de 2024, consultado en: https://www.elespectador.com/cromos/famosos/karol-g-en-brasil-la-colombiana-no-lleno-en-su-ultimo-concierto-del-manana-sera-bonito/#google_vignette

Da Flow Internacional, "Rodándola con Nando Boom", 1 de agosto de 2019, consultada en: https://www.youtube.com/watch?v=DGIZF05l5Ko

De la Rosa, Alberto, "Through Her Music, Arca Evokes Nostalgia to Reimagine Queer Freedom", *Remezcla*, 13 de diciembre de 2021, consultado en: https://remezcla.com/features/music/arca-evokes-nostalgia-reimagine-queer-freedom/

Dímelo King, Entrevista a Feid y Sky, 17 de marzo de 2022, consultada en: https://www.youtube.com/watch?v=D-D4nkFpcrY

Dímelo King, Entrevista a The Rudeboyz, 21 de noviembre de 2022, consultada en: https://www.youtube.com/watch?v=tYgRxtiXaGM

Drexler, Jorge, *Poesía, música e identidad*, 2017, consultada en: https://www.youtube.com/watch?v=C2p42GASnUo

Duany, Jorge, "Cómo Puerto Rico pasó a manos de EEUU y por qué nunca ha logrado convertirse en estado", *Univision*, 25 de julio de 2023, consultado en: https://www.univision.com/noticias/politica/puerto-rico-125-anos-estados-unidos-futuro

EFE, "Reggaetón nació en Panamá y no en Puerto Rico", 18 de noviembre de 2012, consultado en: https://www.abc.com.

py/espectaculos/el-reggaeton-nacio-en-panama-y-no-en-puerto-rico-479294.html

El Tony, Entrevista a Alexis & Fido, 28 de septiembre de 2024, consultada en: https://www.youtube.com/watch?v=aM-Su-uJlPIM&t=2558s

El Tony, Entrevista a Bad Bunny, 2 de septiembre de 2024, consultada en: https://www.youtube.com/watch?v=zw7bLZOn0u4

El Tony, Entrevista a Brytiago, 20 de septiembre de 2024, consultada en: https://www.youtube.com/watch?v=tAyVKnMPE8c

Enfok2stv, Entrevista a Joyce Santana, 2025, consultada en: https://www.youtube.com/shorts/WCe4NYZ_h1w

Espinal, Luisa Fernanda, "¿Cómo surge el perreo?", *Antología de Reggaetón del Club Perro Negro*, 5 de septiembre de 2024, consultada en: https://www.instagram.com/p/C_i5MEuvV-vy/?hl=es&img_index=8

Flores, Juan, "Foreword: What's All the Noise About?", *Reggaeton*, Duke University Press, 2009.

Frankenberg, Eric, "Histórica gira Mañana Será Bonito de Karol G recauda más de 313 millones de dólares", *Billboard*, julio de 2024, consultado en: https://www.billboard.com/espanol/noticias/karol-g-gira-manana-sera-bonito-recauda-cifra-record-1235739447/

Frequencia Urbana, Entrevista a Anonimus, 29 de noviembre de 2022, consultada en: https://www.youtube.com/watch?v=Hq0a2Dw482w

Futuro Studios y Spotify, *Loud: The History of Reggaeton Archives*, 2021.

Galán, Néstor, Entrevista a Bad Bunny, *Zeta 93 FM*, 10 de enero de 2025, consultada en: https://www.instagram.com/p/DEpsEDZuknP/

Gallta, Charly, Entrevista a Dani Flow, 31 de mayo de 2024, consultada en: https://www.youtube.com/watch?v=1fT8CyyxqFk

Garrido, Felipe, "Más allá del reggaetón: Neoperreo, deconstrucción y el futuro de la música latina", *Chartmetric*, 7 de abril de 2025, consultado en: https://hmc.chartmetric.com/movimiento-neoperreo-underground-regueton/

Guerrero, Nathalia, "Esto es la 'guaracha': conozca el género que se tomó los remates en Colombia", *Vice*, 12 de septiembre de 2016, consultado en: https://www.vice.com/es/article/esto-es-la-guaracha-conozca-el-gnero-que-se-tom-los-remates-en-colombia/

Gutiérrez, Camila, *Reggaetón religión*, Planeta, 2024.

Héctor Elí, Entrevista a Álvaro Díaz, el 24 de mayo de 2024, consultada en: https://www.youtube.com/watch?v=6zb-3T8xwRfQ#:~:text=%C3%81LVARO%20D%C3%8DAZ%20se%20va%20de,Andrea%20Evia%20de%20Deya%20Records.

Héctor Elí, Entrevista a Arcángel, 3 de diciembre de 2022, consultada en: https://www.youtube.com/watch?v=RfLxSOxYagk

Héctor Elí, Entrevista a Cazzu, 10 de junio de 2022, consultada en: https://www.youtube.com/watch?v=yiehGjhMWr4

Héctor Elí, Entrevista a Eladio Carrión, 17 de agosto de 2021, consultada en: https://www.youtube.com/watch?v=mOwKcWXXUZA

Héctor Elí, Entrevista a Sky, 16 de abril de 2023, consultada en: https://www.youtube.com/watch?v=H5XfsVZ_sMI

Héctor Elí, Entrevista a Tainy, 15 de julio de 2023, consultada en: https://www.youtube.com/watch?v=1R7A-C571_g

Héctor Elí, Entrevista a Young Miko, 1 de octubre de 2022, consultada en: https://www.youtube.com/watch?v=cx0Hd2i2OFE

Hernández, Ramona; Rivera-Batiz, Francisco L. y Sisay, Sidie S., *Quisqueya en Borinquen: Un Perfil Socioeconómico de la Población Dominicana en Puerto Rico*, CUNY Dominican Studies Institute, 2023.

Itzel De Gracia, Guillermina, "La música reggae en Panamá. Breve reseña histórica", *Revista de la Red Iberoamericana de Estudios sobre Oralidad*, 2018.

La Música, "La historia del cubatón", 22 de marzo de 2027, consultado en: https://www.facebook.com/watch/?v=10155099362019648

Lassa TeVe, Entrevista a DJ Blass, 13 de enero de 2025, consultada en: https://www.youtube.com/watch?v=5usjSITgfc0&t=1240s

Letra *Dem bow* de Sabba Ranks, consultada en: https://genius.com/Shabba-ranks-dem-bow-lyrics

Los 40 Urban, Entrevista a Darell, 2024, consultada en: https://www.youtube.com/shorts/PlDCVNRtmyE

Lowe, Zane, Entrevista a Bad Bunny, 8 de enero de 2025, consultada en: https://www.youtube.com/watch?v=HbkFNbcMIGI

Lunazzi, Billy, "Mode Up: la marca musical de la isla", *El Isleño*, 10 de agosto de 2011, consultado en: https://elisleño.com/index.php?option=com_content&view=article&id=2401:-mode-up-la-marca-musical-de-la-isla&catid=39:cultura&Itemid=82

Maldonado, Noelia, "Tomasa del Real, creadora del 'neoperreo'", cuenta cómo es el género y qué lo diferencia de otros", *La Voz*, 17 de febrero de 2022, consultado en: https://www.lavoz.com.ar/vos/musica/tomasa-del-real-creadora-del-neoperreo-cuenta-como-es-el-genero-y-que-lo-diferencia-de-otros/

Mario VI, Entrevista a DJ Luian, 15 de diciembre de 2022, consultada en: https://www.youtube.com/watch?v=dwu_v83vCXY

Mario VI, Entrevista a J Balvin, 24 de octubre de 2024, consultada en: https://www.youtube.com/watch?v=Tq9cSU-R8Xc

Mario VI, Entrevista a Jowell & Randy, 6 de julio de 2023, consultada en: https://www.youtube.com/watch?v=pUtmfEXc1ZQ

Mario VI, Entrevista a Valentino, 2 de mayo de 2024, consultada en: https://www.youtube.com/watch?v=WsUc7X92G-MI&t=4279s

Marshall, Wayne, "Dem Bow, Dembow, Dembo: Translation and Transnation in Reggaeton", *Lied und populäre Kultur / Song and Popular Culture*, Jahrbuch des Deutschen Volksliedarchivs, 2008.

Marshall, Wayne, "From Musica Negra to Reggaetón Latino", *Reggaeton*, Duke University Press, 2009.

Marshall, Wayne, clase *The Roots of Reggaetón* dictada en Berklee College of Music, 2 de marzo de 2015.

McIntyre, Hugh, "'Despacito' Is Now The Most-Streamed Song Of All Time", *Forbes*, 19 de julio de 2017, consultado en: https://www.forbes.com/sites/hughmcintyre/2017/07/19/despacito-is-now-reportedly-the-most-streamed-song-of-all-time/

Molusco, Entrevista a Daddy Yankee, *Molusco TV*, el 3 de mayo de 2022, consultada en: https://www.youtube.com/watch?v=8qj-hHvGZpU

Molusco, Entrevista a DJ Blass, *Molusco TV*, 14 de diciembre de 2020, consultada en: https://www.youtube.com/watch?v=8aK30XY20qA

Molusco, Entrevista a DJ Negro, *Molusco TV*, 29 de marzo de 2022, consultada en: https://www.youtube.com/watch?v=-vW7pRRLvySc

Molusco, Entrevista a Maicol & Manuel, *Molusco TV*, 21 de septiembre de 2022, consultada en: https://www.youtube.com/watch?v=DL5sbY2nIBI&t=2069s

Molusco, Entrevista a Wisin & Yandel, *Molusco TV*, 15 de marzo de 2022, consultada en: https://www.youtube.com/watch?v=eet7yb639RY

Monroy, Pablo, "Álvaro Díaz: El nacimiento de un rey", *Rolling Stone*, 12 de junio de 2024, consultado en: https://es.rollingstone.com/alvaro-diaz-la-guia-hacia-un-futuro-alterno/

Mucho Flow 593, Entrevista a DJ Playero, 13 de julio de 2020, consultada en: https://www.youtube.com/watch?v=0jyLlQsJkeQ

Muñoz Paniagua, Felipe, Entrevista a Stillz, *Yo Hablo Lo Que Me Da La Gana*, 8 de febrero de 2022, consultada en: https://yhlqmdlg.substack.com/p/stillz

Nagovitch, Paola, "Bad Bunny rinde homenaje a Puerto Rico y su diáspora en DeBÍ TiRAR MáS FOToS", *El País*, 5 de enero de 2025, consultado en: https://elpais.com/us/entretenimiento/2025-01-05/bad-bunny-rinde-homenaje-a-puerto-rico-y-su-diaspora-en-debi-tirar-mas-fotos.html

National Library of Jamaica, "Colón Man and the Panama Experience – Migration", consultado en: https://nljdigital.nlj.gov.jm/exhibits/show/colon-man-panama-experience/migration

New York Times Podcast, Entrevista a Bad Bunny, 5 de enero de 2025, consultada en: https://www.youtube.com/watch?v=QFuR3nW1mRQ

Nicky Jam, Entrevista a Tainy, *THE ROCKSTAR SHOW*, 22 de mayo de 2022, consultada en: https://www.youtube.com/watch?v=PFyXVTzXerE

Nude Project, Entrevista a Eladio Carrión, 23 de junio de 2024, consultada en: https://www.youtube.com/watch?v=GN-qjP-Jer0o

Nwankwo, Ifeoma C. K., "The Panamanian Origins of Reggae en Español. Seeing History through 'Los Ojos Café' of Renato", *Reggaeton*, Duke University Press, 2009.

On The Beats, "Capítulo 9 Estudio de Infinity Music Invitados Sky & Feid", 1 de agosto de 2013, consultado en: https://www.youtube.com/watch?v=fBV3lHzstY0&t=82s

Ortiz, Diego, "MOTOMAMI: El camino de Rosalía a su propia emancipación", *Rolling Stone*, 12 de noviembre de 2021, consultado en: https://es.rollingstone.com/moto-mami-el-camino-de-rosalia-a-su-propia-emancipacion/

Parales, Jon, "A Caribbean Party With a HipHop Beat", *The New York Times*, 12 de agosto de 2003, consultado en: https://www.nytimes.com/2003/08/12/arts/pop-review-a-caribbean-party-with-a-hip-hop-beat.html

People, "Recognizing Dominican Dembow: From Jamaica to El Alfa", 28 de enero de 2019, consultado en: https://peopleenespanol.com/chica/dembow-from-jamaica-to-el-alfa/

Pew Research Center, "Table: Christian Population as Percentages of Total Population by Country", 19 de noviembre de 2011, consultado en: https://www.pewresearch.org/religion/2011/12/19/table-christian-population-as-percentages-of-total-population-by-country/

RaMóncho, *LA RAZÓN por la que TODO el Género RESPETA a "EL CHOMBO"*, 7 de octubre de 2021, consultado en: https://www.youtube.com/watch?v=pD97qF3rGXk

Raygoza, Isabela, "Rauw Alejandro rinde homenaje a Nueva York en Gov Ball, *Billboard*, 6 de agosto de 2024, consultado en: https://www.billboard.com/espanol/musica/rauw-alejandro-govenors-ball-nueva-york-entrevista-1235704642/

Red Bull, "Glory: la mujer que debió ser la reina del reggaetón", 27 de enero de 2019, consultado en: https://www.redbull.com/mx-es/historia-glou-suelta-como-gabete

Reggaetón TV, Entrevista a Pablo Chill-E, 23 de mayo de 2024, consultada en: https://www.youtube.com/watch?v=jjXJBbnWzeQ

ReggaetonPartyMane1, Entrada sobre @ria 51, *Reddit*, noviembre de 2014, consultada en: https://www.reddit.com/r/Reggaeton/comments/1gfyjrj/ria_51_aka_the_reggaeton_sex_crew_speedy_plan_b/?tl=es-es

Remezcla Estaff, "10 Music Collectives Making Waves in the Latin American Underground", *Remezcla*, 8 de noviembre de 2016, consultado en: https://remezcla.com/lists/music/10-collectives-underground/

Roiz, Jessica, "Conoce a Ovy On The Drums, el productor principal de Karol G", *Billboard*, 10 de octubre de 2023, consultado en: https://www.billboard.com/espanol/musica/ovy-on-the-drums-productor-principal-karol-g-entrevista-1235437708/

Roiz, Jessica, 220 Questions with Zion y Lennox: Celebrating a 20-Year Trajectory with New 'El Sistema' Album'", *Billboard*, 26 de julio de 2021, consultado en: https://www.billboard.com/music/latin/20-questions-zion-y-lennox-new-album-el-sistema-9606222/

Rojas, Jessica, "La centennial desconocida que coquetea con los Latin Grammy: esta es la historia de cómo en un año alcanzó el éxito", *La Nación*, 25 de octubre de 2020, consultado en: https://www.nacion.com/viva/musica/la-centennial-desconocida-que-coquetea-con-los/RVXAG72NIRE7L-FIWOHDPR62PIE/story/

Sánchez, Rafael, "¿Qué significa la palabra reggaeton? ¿Cómo se escribe bien?", *Esquire*, 2022, consultado en: https://www.esquire.com/es/actualidad/musica/a42359416/que-significa-reggaeton-como-se-escribe/

SoyDevilEx, Entrevista a J Balvin, *El Desconecte*, 24 de agosto de 2024, consultada en: https://www.youtube.com/watch?v=XrtNFb-QWpU

Spotify, "Reggaetón Mexa, el género que está arrasando en México" 15 de febrero de 2024, consultado en: https://newsroom.spotify.com/2024-02-15/reggaeton-mexa-el-genero-que-esta-arrasando-en-mexico/

STACION, Entrevista a RaiNao, 29 de mayo de 2024, consultada en: https://www.youtube.com/watch?v=aNlh2Qnt7Co

Studio, Entrevista a Tainy, 31 de marzo de 2023, consultada en: https://www.youtube.com/watch?v=xvEHRZ7VMAc

Tash, Entrevista a Mario VI, *Algarete con Tash*, 27 de octubre de 2024, consultada en: https://www.youtube.com/watch?v=tYgRxtiXaGM

The Fader, "The Deposed King Tego Calderon Inherits a Different Throne", 2006, consultado en: https://www.thefreelibrary.com/The+deposed+king+Tego+Calderon+inherits+a+different+throne.-a0162788638

Tillmans, Wolfgang, "Baila a tu ritmo: Entrevistando a Arca", *Vice*, 18 de agosto de 2017, consultado en: https://www.vice.com/es/article/wolfgang-tillmans-entrevista-arca/

Toro, Martín, "Jowell & Randy: viviendo por la música", *Rolling Stone*, 16 de julio de 2024, consultado en: https://es.rollingstone.com/jowell-randy-viviendo-por-la-musica/

Trapicheo Tv, Entrevista a De La Rose, 2 de febrero de 2025, consultada en: https://www.youtube.com/watch?v=ifKIB-MDuElU

Twickel, Cristoph, "Muévelo (Move It!): From Panama to New York and Back Again, the Story of El General", *Reggaeton*, Duke University Press, 2009.

Univisión, "Daddy Yankee pondrá Gasolina a Premio Lo Nuestro: J Balvin y Ozuna participarán en su homenaje al icónico disco Barrio Fino", 14 de febrero de 2019, consultado en: https://www.univision.com/shows/premio-lo-nuestro/daddy-yankee-hara-historia-en-premio-lo-nuestro-2019-junto-a-otros-grandes-del-reggaeton-fotos

Urdaneta, Diego, "Dj Pope, padrino del reggaetón colombiano", *Vice*, 26 de marzo de 2020, consultado en: https://www.vice.com/es/article/dj-pope-padrino-del-reggaeton-colombiano/

Urdaneta, Diego, "Para qué pensar en géneros: Rosalía", *Vice*, 29 de noviembre de 2019, consultado en: https://www.vice.com/es/article/entrevista-con-rosalia-sobre-el-mal-querer-y-malamente-flamenco-y-generos-musicales-2018/

Villaseñor, Esteban, "Arca, la modernidad y la transformación a ritmo de electro-pop", *Vogue*, 19 de noviembre de 2021, consultado en: https://www.vogue.mx/estilo-de-vida/articulo/arca-quien-es-biografia-de-la-cantante-venezolana-carrera-y-canciones

Visualizers del álbum DeBÍ TiRAR MáS FOToS de Bad Bunny escritas en colaboración de Jorell A. Meléndez Badillo, lanzados el 5 de enero de 2025 y consultados en: https://www.youtube.com/watch?v=gLSzEYVDads&list=PLRW7iEDD9R-DT_19SQk3uKFkJUCA_uGr7Y

Wilson, Pablito, *Reggaetón: Entre El General y Despacito* por Pablito Wilson, 2024.

Wiscovitch Padilla, Jeniffer, "Cada vez más incierto el tener techo en el residencial público", Centro de Periodismo Investigativo, 12 de mayo de 2022, consultado en: https://periodismoinvestigativo.com/2022/05/cada-vez-mas-incierto-el-tener-techo-en-el-residencial-publico/

Ydrach, Chente, Entrevista a Baby Rasta & Gringo, 6 de noviembre de 2023, consultada en: https://www.youtube.com/watch?v=qNUAEsTYvow

Ydrach, Chente, Entrevista a Bad Bunny, 10 de enero de 2025, consultada en: https://www.youtube.com/watch?v=V1UOmXQF188&t=3629s

Ydrach, Chente, Entrevista a Dálmata, 17 de diciembre de 2022, consultada en: https://www.youtube.com/watch?v=PJDxKuTbUJw

Ydrach, Chente, Entrevista a De La Ghetto, 18 de agosto de 2023, consultada en: https://www.youtube.com/watch?v=t_N5saGc2XQ

Ydrach, Chente, Entrevista a Joelito, 12 de agosto de 2021, consultada en: https://www.youtube.com/watch?v=iBoPfKMOqM0

Ydrach, Chente, Entrevista a Karol G, 21 de diciembre de 2022, consultada en: https://www.youtube.com/watch?v=zlWiw7h7Jig

Ydrach, Chente, Entrevista a Luny Tunes, 1 de noviembre de 2023, consultada en: https://www.youtube.com/watch?v=-VA5rqKz0Pzs

Ydrach, Chente, Entrevista a Maldy, 1 de septiembre de 2022, consultada en: https://www.youtube.com/watch?v=z0Nc-7BiJ-2E&t=661s

Ydrach, Chente, Entrevista a Nesty, 19 de marzo de 2024, consultada en: https://www.youtube.com/watch?v=iTputkUWw2c&t=1s

Ydrach, Chente, Entrevista a Tainy, 22 de abril de 2022, consultada en: https://www.youtube.com/watch?v=tp6VR-pWYYzY&t=2745s

Ydrach, Chente, Entrevista a Tego Calderón-2015, 15 de diciembre de 2022, consultada en: https://www.youtube.com/watch?v=K3gMQL-VJEs

Ydrach, Chente, Entrevista a Yaga, 9 de julio de 2021, consultada en: https://www.youtube.com/watch?v=SeqJi19ezXM&t=708s

Yepes Cuartas, Andrea, "La máquina de hacer reggaetón", revista *DONJUAN*, ed. 138, 2018.

Zamora, Francisco, Entrevista a Vico C, 17 de noviembre de 2023, consultada en: https://www.youtube.com/watch?v=d-hYE215PCH0

Zelazkoy, Alicja, 'Reggaeton', *Encyclopaedia Britannica*, consultada en: https://www.britannica.com/art/reggaeton

Zoltak, James, "El Choliseo Bounces Back, Again", *Venues*, 26 de mayo de 2022, consultado en: https://web.archive.org/web/20240123072259/https://venuesnow.com/el-choliseo-bounces-back-again/